GABRIEL GALLAND

TERRE DE LÉGENDES ET D'HÉROÏSME

BRETAGNE

A Travers la France

Terre de Légende et d'Héroïsme

BRETAGNE

Gabriel GALLAND

PROFESSEUR AU LYCÉE CONDORCET

A Travers la France

Terre de Légende et d'Héroïsme

BRETAGNE

Illustrations de J. PÉGOT-OGIER

ÉMILE GAILLARD
Éditeur
37, rue Gandon (XIIIe)
PARIS

CHAPITRE I

I

Une lutte géante entre l'*Austria* et la tempête. — Le passage de la Grande-Peur et l'Ile de l'Épouvante. — Pilote ou démon ? — Qui voit Ouessant voit son sang. — L'hymne sauvage des Naufrageurs. — Lutte terrible au bord de l'abîme. — L'agonie du paquebot. — Ronde de démons sur l'épave.

Lente, chaude, tombe la nuit... Le ciel, brouillé de nuages lourds d'électricité et de pluie, laisse voir, çà et là, quelques larges éclaircies d'un bleu plus profond, où déjà se piquent de faibles scintillements d'étoiles... A l'horizon, là bas, où l'œil sanglant du soleil s'est noyé sous les flots couleur de cuivre, la mer s'ourle d'un liseré de lumière phosphorescente, inquiétante, presque sinistre...

De son étrave formidable, le paquebot géant ouvre et retourne, comme la charrue fait la glèbe, les champs de la mer huileuse et marbrée de taches noires ou verdâtres, et ses trois hélices changent leur calme en tempête. Les torrents de fumée qui s'échappent, respiration monstrueuse, de ses quatre cheminées, gigantesques tours de métal, montent presque perpendiculairement vers le ciel, tant est calme l'atmosphère, en cette soirée invraisemblablement chaude des derniers jours d'octobre.

Des flancs de ce léviathan montent mille bruits confus faits du halètement des machines, des sifflements de la vapeur actionnant les turbines, du claquement assourdi des portes des foyers insatiables où des centaines de démons demi-nus lancent sans répit des wagonnets de charbon, des conversations joyeuses des passagers prenant leur repas du soir, du choc des verres sur les tables du café, du pas des promeneurs cherchant, sans la trouver, un peu de fraîcheur sur la passerelle ou le pont-promenade, symphonie prodigieuse et discordante à la fois, qui est la vie de cette masse énorme pesant de tout son poids sur les eaux lourdes de révolte contenue, la palpitation du cœur vivant de ce monstre d'acier...

Mais qu'avait à redouter des colères de la mer ce mastodonte marin, l'*Austria*, que ses machines de plus de 80.000 chevaux-vapeur emportaient à une vitesse de près de 50 kilomètres à l'heure sur la grand'route de l'Océan (car la mer, comme la terre, a ses chemins) qui mène de Cherbourg à New-York? Certes, la côte bretonne au large de laquelle il trace son tumultueux sillage dont la blancheur tranche sur les eaux glauques de la Manche, est perfide entre toutes, hérissée de pointes, de caps, d'écueils embusqués qui se dissimulent derrière les brumes traîtresses et attendent silencieusement leur proie. Mais, avant une heure, il aura perdu de vue ces falaises de désolation tragique, ce paysage d'îlots et de récifs aux dents aiguës, cette poussière de roches inaccessibles aux formes fantastiques ou bizarres, mais toujours pleines d'épouvante, produite par l'émiettement de ce littoral farouche qui, sous l'assaut continuel de l'Océan, de ses bourrasques, de ses grandes vagues et de ses marées, vaincu et la haine au cœur, se retire sans cesse : ce n'est pas sans raison que cette mer a été baptisée « la mer sauvage » !

— Commandant, dit tout à coup le pilote qui à pleines mains tenait la roue du gouvernail, voyez-vous là-bas, du côté de l'Ouest, cette ligne noire qui monte?

La Pointe du Raz.

— Je vois... je vois... Bah! l'orage!... Il sera le bienvenu, s'il nous apporte un peu de fraîcheur... La chaleur est vraiment suffocante ce soir... Nos passagères s'éventent avec fureur et ne réussissent qu'à s'envoyer un peu plus de chaleur sur le visage, à grands coups d'éventail... Si nous pouvions avoir un peu d'air...

— Nous en aurons peut-être trop, commandant.

— Vous avez raison... Le nuage monte avec une telle rapidité... la mer change d'aspect... si vite... si étrangement...

— Nous sommes trop près de la côte, commandant... Pour un grain, ça va être un fameux grain.

— Bah! l'*Austria* ne craint rien... C'est un bon marcheur et un solide gaillard. Je donne aux mécaniciens l'ordre de chauffer jusqu'à l'imprudence... Que diriez-vous si nous battions notre propre record et que nous parcourions en moins de quatre jours la distance des quelque 5.000 kilomètres qui séparent l'Europe de l'Amérique? (1)

— Je dirais... Je dirais... que voici l'orage! Commençons, avant de battre ce record, par lutter de vitesse avec l'ouragan! Entendez-vous, commandant?.

Au loin un sourd grondement, une sorte de roucoulement

(1) Que sont, à côté des « villes flottantes » modernes, les pauvres petits paquebots de 100 mètres de longueur, qui faisaient l'admiration de nos pères? Le « *Great-Eastern* » lui-même si fier de ses 210 m. de ses cinq cheminées et de ses 25.000 tonneaux a des fils de dimensions plus colossales encore. Le *Lusitania* (de Liverpool) a 235 m. 50 de longueur et 36 m. de la quille au sommet du kiosque du commandant. Il file 25 nœuds (40 kilomètres 225 mètres à l'heure). La Tour Saint-Jacques à Paris, l'Obélisque de la place de la Concorde, la Colonne Vendôme et la Colonne de Juillet disparaîtraient dans ses quatre cheminées. Un grand express européen tiendrait dans ses cales. Allongez bout à bout toutes ses tuyauteries et vous joindriez Paris au Havre. L'électricité que nécessite son éclairage suffirait à celui d'une grande ville comme Rouen. Le *Mauretania* de la même compagnie a 237 m. de long, jauge 33.000 tonneaux et ses turbines ont une force de 70.000 chevaux-vapeur. Il peut porter 3.700 passagers. En 1830, il fallait 31 jours pour franchir les 5.500 kilomètres qui séparent l'Europe de l'Amérique, en 1912, on met 4 jours et 9 heures! Par contre ces grands dévoreurs d'espace sont de terribles dévoreurs de charbon: 1.250 tonnes par 24 heures, 1 million 250 mille kilos de charbon, plus de *cinquante mille kilos par heure!* La navigation à vapeur n'a pas tué la navigation à voiles: les quatre-mâts sont nombreux, on vient de lancer à Bordeaux un *cinq-mâts* mixte, utilisant les voiles et les turbines (novembre 1911).

Dans la nuit du 14 au 15 avril 1912, un paquebot plus grand encore, le *Titanic*, rencontre un iceberg formidable contre lequel il s'est fracassé. Il avait 268 mètres de longueur sur 28 de large et 30 de profondeur. Il jaugeait 46.382 tonnes et avait coûté 46 millions de francs. On compte 1.490 morts. C'est une catastrophe sans précédent.

monstrueux de la foudre, s'est fait entendre. Et, presque aussitôt, sans transition, le vent s'élève, souffle, gémit, hurle, glapit, et, à sa clameur géante, se mêlent le fracas des vagues encore lourdes et lentes venant battre les flancs sonores de l'*Austria*, le sifflement de la pluie qui crépite sur les cheminées et sur le pont du navire, les cinglant de biais, presque horizontalement, emportée par la rafale.

Soudain, des nuages noirs galopant en d'effrayantes chevauchées, par bonds immenses, jaillit la fulgurante lueur des éclairs qui se succèdent presque sans interruption, embrasant les paysages fantastiques de ce ciel d'orage, illuminant le chaos sinistre et convulsé de l'Océan.

Les lames, maintenant, se serrent, se poursuivent, cherchent à se devancer les unes les autres, se chevauchent, se font plus hautes, toujours plus hautes, plus follement hautes, et le grand vent sauvage leur arrache d'énormes lambeaux verdâtres que la fantastique coloration du feu céleste fait paraître, en leur transparence, plus glauques et plus effrayants, ou de farouches traînées de baves blanches qui s'éparpillent, courent en tourbillons, comme des flocons de neige.

La clameur géante va sans cesse grandissant. Partout la même fureur dévastatrice, le même chaos, le même bouleversement, le même paroxysme exaspéré des éléments... Toutes les voix du ciel, de la mer et peut-être même de la côte prochaine battue, assaillie par les lames sous le poids desquelles lugubrement elle gémit, se mêlent, se répondent dans une effroyable symphonie. Car tous les éléments conjurés ont une âme, et, des quatre points cardinaux, des sombres profondeurs de l'atmosphère, des abîmes, plus sombres encore de l'Océan, accourent toutes les épouvantes, toutes les colères mystérieuses des choses, rages dont on ne sait ni la cause ni le but, mais dont on constate, hélas ! les effets.

Et, sous les coups répétés de la tourmente, des vagues s'écroulant comme des tours en prismes liquides au travers desquels les éclairs décomposaient la lumière en arcs-en-ciel inattendus et d'une féerique horreur, l'*Austria* tremblait de la poupe à la proue, de la quille à la passerelle, gémissait elle aussi, se cabrait, se tordait, ne voulait pas mourir. De ses flancs caverneux s'échappent de monstrueux mugissements, des plaintes douloureuses lorsque les paquets de mer tombent lourdement sur le pont en claquant, de profonds soupirs de soulagement lorsque, après le fracas sourd de l'écroulement, en cascades tumultueuses, l'eau glisse, écume, bondit et rebondit le long de ses parois soulagées.

Dans des effarements de cataclysme, sous les violences éperdues et rauques des rafales de *Kornog* (Ouest) ainsi que disent les marins bretons, l'infortuné paquebot hésite, s'arrête, repart, pique au fond des abîmes pour danser sur la crête des vagues sublimes de fureur et de hideur.

Le timonier, les mains cramponnées à la roue de commande du gouvernail, sue à maintenir l'*Austria* dans sa route. Malgré l'effrayant roulis, malgré la pluie et les embruns qui cuisent la peau de ses joues, malgré le vent qui lui coupe la respiration, malgré ses mains crispées et bleuies, sans un mot, sans un cri trahissant ses angoisses, presque sans y penser, il accomplit les manœuvres que nécessite la périlleuse situation du paquebot. Des centaines d'existences humaines sont dans ses mains, il le sait, et il lutte !

Combat inégal... Tantôt, le gouvernail est assailli par les lames tumultueuses et pressées d'en finir, semble-t-il, tantôt il tourne, comme les hélices, dans le vide des lames trop creuses.

— Où sommes-nous? lui crie à l'oreille le commandant de l'*Austria* dans le silence effrayant d'une soudaine accalmie.

— J'allais vous le demander, commandant !

Au même moment, comme s'il avait en ces quelques secondes de trêve, repris de nouvelles forces, l'ouragan se déchaîna avec une fureur plus agressive encore. Un paquet de mer, haut comme une montagne, tombe du ciel sur le paquebot, avec un hurlement apocalyptique qui glace les moelles des brâves marins et remplit leurs cœurs cependant cuirassés d'énergie, de ce terrifiant effroi qui accompagnent les fins de monde.

L'avalanche passée, le timonier et le commandant se regardent, et leurs yeux traduisent leur surprise de se retrouver, sains et saufs, tous deux, après ce formidable assaut. Mais l'habitacle de la boussole a été brisé et emporté par l'énorme lame...

— Nous sommes perdus! murmure entre ses dents serrées l'homme de la barre.

— Taisez-vous! lui crie le commandant. Descendez dans votre cabine, si vous avez peur, moi, je prendrai votre place... Je saurai faire mon devoir...

— Commandant, vous me faites injure! Il n'y aura que la mer... ou la mort, pour m'arracher de mon poste!

— Je le savais bien, mon brave.

La lueur aveuglante des éclairs ne permet pas au timonier de distinguer les rayons bienfaisants des phares, battus eux aussi par les flots mais solides sur le roc où ils sont scellés, car ils ont le devoir de survivre à leurs coups! En vain aussi les sirènes poussent leurs meuglements lugubres et enroués : les clameurs des vagues bruissantes, sifflantes, grondantes, les cris de la tempête où se mêlent des plaintes presque humaines avec des hurlements pareils à ceux de bêtes affolées, couvrent leurs signaux qui voudraient arracher quelques victimes à cette grande dévoreuse d'énergies humaines qu'est la mer Sauvage, la mer de Bretagne!

— Où sommes-nous?... Où allons-nous? Les plaintes lointaines des passagers que la peur tient enfermés dans les salons ou dans les cabines semblent répondre, comme un *De profundis* assourdi : A l'Inconnu redoutable!... A la mort!... A l'écueil ou à l'abîme!...

L'*Austria* a perdu sa route, et, dérivant, elle va à la côte, à cette redoutable pointe de la presqu'île de Léon contre laquelle se sont fracassés tant de navires qu'il est passé en proverbe de dire : « *Nul marin n'a doublé les caps sans peur ni malheur !* » Malheur au gigantesque paquebot s'il s'engage dans le *Chenal du Four* qui sépare l'archipel d'Ouessant du Continent, ou dans le *Passage du Fromveur* au nom sinistre « le *Passage de la Grande-Peur* » ! Enveloppé dans les suaires mouvants de la mer Sauvage, il sombrera sans autres témoins de son agonie que l'œil des phares hélas ! habitué à contempler, impassible, ces drames lamentables auxquels, chaque année, s'ajoute un épisode nouveau... et toujours semblable.

« Rien de sinistre, a écrit Michelet dans une des plus belles pages de son Tableau de la France, rien de sinistre et de formidable comme cette côte bretonne ; c'est la limite extrême, la pointe, la proue de l'ancien monde. Là, deux ennemis sont en face : la terre et la mer, l'homme et la nature. Il faut voir quand elle s'émeut, la furieuse, quelles monstrueuses vagues elle entasse à la *pointe de Saint-Mathieu*, à cinquante, à soixante, à quatre-vingts pieds ; l'écume vole jusqu'à l'église où les mères et les sœurs sont en prières. Et même dans les moments de trêve, quand l'Océan se tait, qui a parcouru cette côte funèbre sans dire ou sentir en soi : *Tristis usque ad mortem !* (Mon âme est triste jusqu'à la mort !) C'est qu'en effet il y a là pis que les écueils, pis que la tempête. La nature est atroce, l'homme est atroce, et ils semblent s'entendre... L'homme est dur sur cette côte. Fils maudit de la création, vrai Caïn, pourquoi pardonnerait-il à Abel ? La nature ne lui pardonne pas. La vague l'épargne-t-elle quand, dans les terribles nuits de l'hiver, il va par les écueils attirer le varech flottant qui doit engraisser son champ stérile (1),

(1) *D'ar bézin !... D'ar bézin glaz !* Au goémon ! Au goémon vert ! Tel est le cri que poussent les farouches moissonneurs marins au mois de janvier ou de février, où est permise la coupe du *goémon vif* (le goémon mort ou détaché pouvant être ramassé en tout temps). « Tous les ans, stipule une ordonnance de 1681, le premier dimanche de janvier, les habitants des paroisses du littoral doivent se réunir pour

et que si souvent le flot apporte l'herbe et emporte l'homme? L'épargne-t-elle quand il glisse en tremblant sous la *pointe du Raz,* aux rochers rouges où s'abîme l'*Enfer de Plogoff* (1) à côté de la *Baie des Trépassés,* où les courants portent les cadavres depuis tant de siècles ? »

Les navigateurs de l'antiquité sentaient leur cœur se glacer d'épouvante lorsqu'ils entendaient mugir les cavernes, aboyer les récifs, hurler les tourbillons de Charybde et de Scylla, le gouffre et l'écueil tragiquement fameux du détroit de Messine, mais que n'eussent-ils pas éprouvé dans le passage de la Grande Peur, dans les parages de l'île sinistre d'Ouessant, l'ancienne Uxantos l'*Enez-Heussa* des Bretons dont le nom seul donne le frisson, l'*île de l'Epouvante* !

Ce n'est pas d'ailleurs une seule île isolée à l'extrême pointe de la *fin des terres* françaises, c'est un archipel hérissé d'îlots, de pointes de granit aiguës comme des dents de carnassiers, d'écueils de tous genres, de toutes formes, des Roches Vertes ou des Pierres Noires, où se rencontrant, les houles de la Manche et de l'Atlantique luttent de vacarme et de fureur. Ici, c'est l'île de *Béniguet* sans doute appelée « la Bénie » par euphémisme, comme

fixer l'époque et la durée de la coupe des varechs... Sous peine d'amende il est défendu de couper et d'enlever le goémon la nuit. Nul ne peut en cueillir que sur les côtes de sa paroisse, etc..., etc... » De nos jours, le garde champêtre ou le secrétaire de la mairie publie, à haute voix, le ban de la moisson et conclut aux acclamations de tous : « Ainsi donc préparez vos bras et vos faucilles ! » C'est une grande fête que ce jour de moisson. Le varech est employé comme engrais ou brûlé afin de fournir la soude.

(1) « L'*Enfer de Plogoff* est un abîme en forme d'entonnoir dans lequel la mer s'engouffre avec fracas. Le fond en est formé de roches granitiques rougeâtres, qui semblent s'entre-choquer par la force des lames violemment agitées. Du promontoire, on découvre une des vues les plus grandioses et les plus saisissantes que puissent offrir les côtes de la Bretagne... C'est un spectacle magnifique par sa grandeur et sa solitude ; plus de traces humaines, plus rien que le mugissement des lames et les cris mélancoliques des goélands, des cormorans et des hérons... » Les vagues s'élèvent parfois jusqu'à quatre-vingts mètres de hauteur à la pointe du Raz et viennent couvrir de leur écume les spectateurs avides d'un spectacle grandiose mais non sans danger.

La *Baie des Trépassés* doit peut-être son nom à la coutume druidique qui exigeait que les druides morts soient transportés de là pour être ensevelis dans l'île de Sein. Les légendes bretonnes où la mer (L'*Ar Amor* qui a donné son nom à l'Armorique) et la mort jouent un si grand rôle racontent qu'à certaines époques de l'année les âmes en peine se promènent en pleurant et en gémissant sur le rivage de cette baie, cependant que les ossements des naufragés s'en vont frapper aux portes des pêcheurs pour demander la sépulture.

les Grecs appelaient Pont-Euxin ou « Mer favorable » la mer Noire dont ils redoutaient les colères ; plus loin, c'est l'îlot de *Quémenez* qui s'émiette d'année en année sous l'assaut des lames, là, l'île *Molène*, la Chauve, sœur cadette de l'île de l'Epouvante, et, comme elle, broyeuse de vies et de navires ; là, les roches gazonnées de *Bannec* et de *Balanec* et, enfin, la croupe écumante aux trois quarts noyée sous les eaux tourbillonnant et mugissant comme à l'échappée d'une écluse, de *la Jument* (1), le monstre de granit le plus farouche de ces parages de la Grande Peur...

Et, maintenant, le commandant de l'*Austria* se prend à dire, comme tout à l'heure le timonier :

— Nous sommes perdus !...

L'épouvante s'est emparée de l'équipage et des passagers qui, en une panique folle, se précipitent vers les embarcations, prient, supplient, menacent... Mais mettre les canots à la mer, par cette tempête, ce serait folie... D'aucuns cependant la tentent, cette folie, mais à la lueur des éclairs et des feux du paquebot, la foule ne tarde pas à voir le frêle esquif capoter et des grappes humaines disparaître dans l'abîme dont la grande voix horrible étouffe leurs cris et leurs râles...

Tout à coup, auprès du commandant bondit (venu par quel étrange chemin !) un mystérieux inconnu de haute taille, tout ruisselant d'eau sous son « cirage » dur et luisant, étroitement serré aux chevilles, aux poignets et au cou par des ficelles goudronnées... Un démon, sans doute, de stature quasi plus qu'humaine, à la figure

(1) Un bienfaiteur dont le nom mérite de ne pas tomber dans l'oubli, M. C. E. Potron, mort, en 1904, a légué la somme de 400.000 francs pour l'érection d'un phare « *bâti de matériaux de choix, pourvu d'appareils d'éclairage perfectionnés, élevé sur le roc dans un des parages dangereux du littoral de l'Atlantique, comme ceux d'Ouessant* ». De l'avis des exécuteurs testamentaires et du ministre des travaux publics, l'écueil de *la Jument* fut désigné pour recevoir ce phare dont la construction a exigé sept années d'efforts tenaces et continus pour être mené à bonne fin. C'est le type le plus récent des appareils français, éclairé par des lampes à incandescence par le pétrole. La puissance des éclats en lumière rouge est de 3.300 becs Carcel, d'une portée d'au moins 36 kilomètres pendant la plus grande partie de l'année. Ce phare a été allumé pour la première fois en octobre 1911 : la lanterne est à 36 mètres au-dessus de la mer et à 42 mètres au-dessus du roc, car les fondations sont au-dessous des flots. Avec les signaux sonores qui se joindront aux signaux optiques la dépense atteindra 850.000 francs

glabre reflétant une inquiétante énergie voisine de la férocité, quelque mauvais génie de ces rives inhospitalières, car ce n'est point un marin faisant partie de l'équipage de l'*Austria*.

— Qui êtes-vous ? D'où venez-vous ?

— De par là... de l'ouest...

Et, de son bras farouchement tendu, il montre une masse plus sombre, plus âpre dans cette mer d'ombre où les rayons électriques des phares et des éclairs semblent se disjoindre sans donner de clarté.

— Qu'est-ce que c'est que ce fantôme ?

— L'île de l'Epouvante, capitaine !

— Ouessant !... Ouessant ! s'écrie le commandant qui se souvient des tragiques naufrages dont cette île farouche fut de tout temps le témoin et l'auteur, et surtout du désastre le plus récent, la perte du *Drummond-Castle*, dont le commandant était son ami, et qui alla se broyer dans ces parages semant sur la mer Sauvage une moisson de plusieurs centaines de cadavres.

— Vous tremblez, capitaine ?... Et vous avez raison... « *Qui voit Ouessant, voit son sang !* » (1)

— Qui donc êtes-vous ?

— Rassurez-vous, capitaine, bien que vous naviguiez en plein pays de fantômes et d'apparitions, mon suroît ne cache point un

(1) Les dictons bretons, en leur lapidaire concision, en disent long sur les dangers de la navigation sur ces côtes inhospitalières. Si la côte septentrionale (Côtes-du-Nord) est relativement douce en sa sauvagerie avec ses plages et ses anses de sable accueillantes aux barques (*baies de Saint-Malo, de Saint-Brieuc*, estuaires de la *Rance*, du *Trieux*, etc.) et les chaos superbes et farouches de ses promontoires (*Cap Fréhel*) ses semis d'îles et d'écueils (*île Bréhat, Sept-Iles, île de Batz*), il n'en est pas de même de la côte de la fin des terres (Finistère) formée de roches dures et de roches tendres dans lesquelles la mer cisèle et creuse la *rade de Brest*, la *baie de Douarnenez* et la *baie d'Audierne* que protègent comme une cuirasse les écueils de gneiss et de granit. C'est la côte de la désolation : « *Qui voit Ouessant, voit son sang !* » Mais, à partir de la pointe de *Penmarc'h* (La tête de cheval) la mer Sauvage devient un peu moins agressive et « *Qui voit Groix*, voit sa joie ! » Cette côte méridionale jusqu'à l'embouchure de la Loire a plus de grâce charmante que de majesté farouche et, au lieu de courir les mers lointaines, comme les marins de la côte septentrionale, les gens du Morbihan (la petite mer) trouvent leur vie dans ces parages plus hospitaliers : les îles de Glénan, de Groix, de Belle-Ile, les îlots d'Houat et d'Hoëdic (le Canard et le Caneton) forment comme un brise-lames qui défend le littoral et « *qui voit Belle-Ile, voit son île !* » son foyer, sa famille, la sécurité.

squelette, mais un homme en chair et en os... venu pour vous sauver!... Ha! ha! ha!

Juste au même instant, une lame traîtresse se glissant sur la passerelle comme une hydre monstrueuse à cent têtes, arrache le commandant au garde-fou de fer auquel il semblait rivé comme un arc-boutant de granit.

Le malheureux capitaine de l'*Austria* disparaît, avec un cri profond vite éteint par l'eau qui emplit sa bouche, dans le mouvant linceul de la mer démontée. Un instant, ses bras ouverts, ses mains crispées sortent de sa tombe liquide, puis plus rien... rien que le chant funèbre de la rafale et des vagues...

Le gigantesque paquebot pique et plonge dans un gouffre pour réapparaître bientôt en un effrayant équilibre de quelques secondes sur la crête d'une lame aiguë, et à nouveau, se raidissant, levant sa proue comme un cheval qui ne veut pas se noyer, essaye de s'arracher aux formidables étreintes qui, de toutes parts, le saisissent, telles les mâchoires d'un étau mystérieux pour le broyer sans pitié.

— Eh bien? demande l'inconnu avec un ricanement et un sauvage éclair de joie dans les yeux.

— Va-t-en démon! hurle le timonier. Mais l'énigmatique matelot hausse les épaules et éclate de rire :

— Ha! ha! ha!... Tu ne crois pas si bien dire en vérité!... Un démon!... Oui, oui... je suis le démon!... Ha! ha! ha! le démon de *Toul-an-Ifern!* (1)

— Au secours! Au secours! hurlait le pilote... C'est un démon ou un fou...

L'homme cependant, à pleine voix, entonnait les rauques et farouches versets du *Chant de la Vache* l'hymne d'allégresse sauvage des « Naufrageurs », des « Pilleurs d'épaves » :

(1) Le Trou-de-l'Enfer.

Tân ! tân ! gwel ! tarânn ! tân !
Dir ! tân ! gwad hâc gwin ardân ! (1)

. . . .

Feu ! feu ! vent ! tonnerre ! feu !
Acier ! feu ! sang et vin ardent ! (eau-de-vie).

. . . .

Mieux vaut la mer que la terre,
Oui, mieux vaut la mer !
Mieux vaut la barque solitaire
Qui sillonne le flot amer
Que la charrue au soc de fer !

. . . .

Tân ! tân ! gwel ! tarânn ! tân !
Dir ! tân ! gwad hâc gwin ardân !

Les matelots et les officiers de l'*Austria* avaient fort à faire pour empêcher l'affolement des passagers de se transformer encore en panique, et pour effectuer toutes les manœuvres nécessitées par la situation critique du navire. Aussi personne ne répondit-il aux appels du timonier.

— Je suis le démon du Trou-de-l'Enfer et Satan qui me protège a guidé ma barque, si petite sur l'immensité de la mer, jusque vers toi, beau navire, qui vas bientôt recevoir la terrible ruade de *la Jument*... ha ! ha ! ha ! Oui, mon garçon, je suis venu pour vous sauver tous... de la vie et de ses misères ! Ha ! ha ! ha !...

Tân ! tân ! gwel ! tarânn ! tân !
Dir ! tân ! gwad hâc gwin ardân !

. . . .

L'ange de mer au loin s'élève dans la brume
Et le pilleur d'épaves dont la torche s'allume
Chante joyeux en se grisant (2) :

(1) *Bara*, en breton, signifie pain et *gwin*, vin ; de ces deux mots est venu le vocable français « *baragouin* » synonyme de mauvais français.

Quant à *Tarânn*, dont le nom est une véritable onomatopée dans laquelle on croit entendre les grondements lointains de la foudre, c'était à l'origine le dieu des Gaulois Tarann ou Tarannis, la divinité de la foudre. Personne n'ignore que le bas-breton actuel offre de grandes ressemblances avec la langue celtique que parlaient les Gaulois, nos ancêtres...

(2) D'après P. Maël.

Feu ! feu ! vent ! tonnerre ! feu !
Acier ! feu ! sang et vin ardent !

. . . .

Iou ! iou !... Vive l'île de l'Epouvante ! Iou ! Iou ! d'ar Enez-Heussa !

Avec un bond sauvage, le mystérieux démon du Trou-de-l'Enfer se précipite sur le timonier, et, avant que celui-ci ait dégagé ses mains de la roue du gouvernail, il le serre furieusement à la gorge... Surpris d'abord, l'homme de la barre rassemble ses forces et, avec des efforts inouïs, réussit à desserrer le formidable étau qui emprisonne son cou.

Lutte terrible, sauvage dont les halètements farouches se mêlent aux grandes voix de la nature dont les éléments se combattent eux aussi et semblent de leurs monstrueuses bouches de rêve laisser échapper de stridents éclats de rire !... Lutte dont l'issue ne peut être hélas ! douteuse car l'Inconnu est doué d'une force prodigieuse et ses doigts crochus comme des serres d'oiseau de proie, s'acharnent à nouveau dans le cou du pilote de l'*Austria*.

Celui-ci, épuisé par le long combat que, depuis des heures, il livre à l'Océan, redresse sa tête, la rejette violemment en arrière pour laisser arriver un peu d'air jusqu'à ses poumons, mais les deux tenailles se serrent plus rudement encore... Le mystérieux démon, pour en finir, se laisse tomber de tout son poids sur le malheureux dont, sous le fardeau se ploient les jambes et se brisent les côtes...

Encore enlacés, le roulis les rejette de l'une à l'autre des grilles de la passerelle ; mais bientôt le pilote s'abandonne, et, à la lueur d'un éclair, le vainqueur peut contempler sa bouche ouverte et souillée d'une bave sanguinolente et ses yeux révulsés disant toute l'épouvante de ce duel suprême au bord de l'abîme.

Le poussant du pied et le faisant rouler dans le vide :

Tân ! tân ! gwel ! tarânn ! tân !
Dir ! tân ! gwad hâc gwin ardân !

Va-t-en engraisser les monstres du Fromveur, Kigagn ! (mauvais chien !) Tu ne resteras pas longtemps seul, car tes compagnons ne tarderont pas à te rejoindre ! Je me charge de leur servir de pilote !...

Et il se précipite sur la roue de commande du gouvernail.

— Malloz ! (malédiction !) s'écrie-t-il. Il était temps !

Un groupe d'officiers et de matelots de l'*Austria* se précipitait sur la passerelle.

— Commandant ?

— Enlevé par une lame ! Voilà une heure que j'appelle en vain... Je ne peux pas quitter la barre...

— Les chauffeurs refusent de continuer la chauffe...

— Tant mieux ! Stoppez ! Et qu'on m'obéisse ! A bord, le pilote est souverain maître, n'est-il pas vrai ? surtout en ces parages effroyables...

— Où sommes-nous donc ? Depuis que nous allons à la dérive et sommes dévoyés...

— Vous côtoyez la mort. Mais je puis vous sauver.

— Nous sauver ?

— A une condition : c'est que vous redescendiez dans le paquebot, et que, quoi que vous puissiez voir, quoi que vous puissiez entendre, vous ne vous effrayiez de rien. Allez !

— Mais...

— Je suis seul à connaître la route... du salut. N'oubliez pas que vous naviguez sur un cimetière... le cimetière de l'Epouvante. Vos fosses se creusent, tenez-vous à les remplir ?

L'étrange pilote qui s'était hissé sur l'*Austria* en grimpant, comme un singe, aux chaînes et aux cordages dansant, au gré de la tourmente, le long des flancs du paquebot, semble sûr de sa route, en effet. De ses yeux perçants, il sonde le flot des ténèbres devenues plus denses maintenant que les éclairs ne les strient plus de leurs lueurs fantastiques.

— A nous deux, maintenant, beau navire !

Soulevée comme une simple barque, l'énorme *Austria* saisie et emportée par une lame effroyable brusquement s'arrête...

Avec un éclat de rire sauvage, le mystérieux pilote de l'Ombre saute par-dessus le bord et disparaît dans les remous formidables :

— N'ayez pas peur ! crie-t-il à l'équipage et aux passagers qui se demandent s'ils ne sont pas le jouet de quelque hideux cauchemar... N'ayez pas peur ! Vous arrivez à bon port !... A tout à l'heure !...

Un craquement horrible... Un choc sans nom... des tôles qui se tordent et se déchirent... des poutres qui éclatent... des mâts, des vergues qui s'abattent en un chaos inexprimable... des cheminées éventrées par des blessures épouvantables à voir et desquelles s'échappent des torrents d'une fumée épaisse, âcre, asphyxiante... des chaudières qui sautent... des jets de vapeur blanchissant les ténèbres et qui sifflent éperdument... des gerbes de flammes qui jaillissent des flancs éventrés du magnifique et fier paquebot, illuminant féeriquement cette vision d'horreur, laissant voir un bloc informe de fer, d'acier et de bois... des plaintes, des rumeurs vagues, des cris... puis le silence... plus effrayant encore que ces clameurs affreuses... et, à nouveau, la plainte de la tempête et la joie des vagues se précipitant à l'assaut de la proie si longtemps attendue et que, pareilles à des fauves, elles se mettent à déchiqueter par lambeaux, avec des grognements satisfaits...

Ah ! le mystérieux timonier surgi de l'horreur de cette nuit tragique, a bien conduit le navire ! C'était précisément entre ces deux roches qu'il devait le mener, là, et pas ailleurs, pour que fût réalisé l'horrible dessein qu'il avait mené à bien, au péril de sa vie allègrement risquée pour cette œuvre de mort ! C'était vraiment un habile pilote que cet homme... ou ce démon !...

*
* *

Pouvait-il être autre qu'un démon sorti de l'horreur monstrueuse de ces fins de terre où la nature semble s'être plu à réunir toutes les épouvantes, tous les périls en même temps que toutes les formes de beauté, mais de beauté terrifiante ? Il avait bien dit lui-même être issu du Trou-de-l'Enfer, et cependant être un homme de chair et d'os... A moins que ce ne fût, en cette mer où tant de morts heurtent de leur front les écueils inconnus, un fantôme... né peut-être dans l'imagination affolée du commandant et du timonier de l'*Austria !...* Enigme !...

Cet inconnu devait même être plus qu'un simple démon, un Chef, un Roi du monde infernal ; car, moins d'une heure après que le paquebot se fut encastré entre les deux abruptes parois de granit où sa masse gigantesque achève d'agoniser dans les dernières convulsions de la tourmente moribonde elle aussi, nous pourrions le voir, toujours ruisselant d'eau de mer, habillé d'écarlate par la torche de résine qu'il porte dans sa main, mener sur le pont de l'*Austria* une ronde infernale, au milieu d'une troupe d'êtres dont le visage s'épanouit d'une joie sauvage et qui brandissent férocement crocs, harpons ou gaffes :

> Mieux vaut la mer que la terre
> Oui, mieux vaut la mer !
> Mieux vaut la barque solitaire
> Qui sillonne le flot amer
> Que la charrue au soc de fer !
>
> Tân ! tân ! gwel ! tarânn ! tân !
> Dir ! tân ! gwad hâc gwin ardân !

Et les rauques syllabes du farouche « Chant de la Vache » répercutées par les âpres murailles de l'île de l'Épouvante se perdent dans les dernières rafales de la tempête expirante, mêlées aux cris des noirs cormorans réveillés par la colère nocturne des éléments conjurés pour la perte de l'*Austria*.

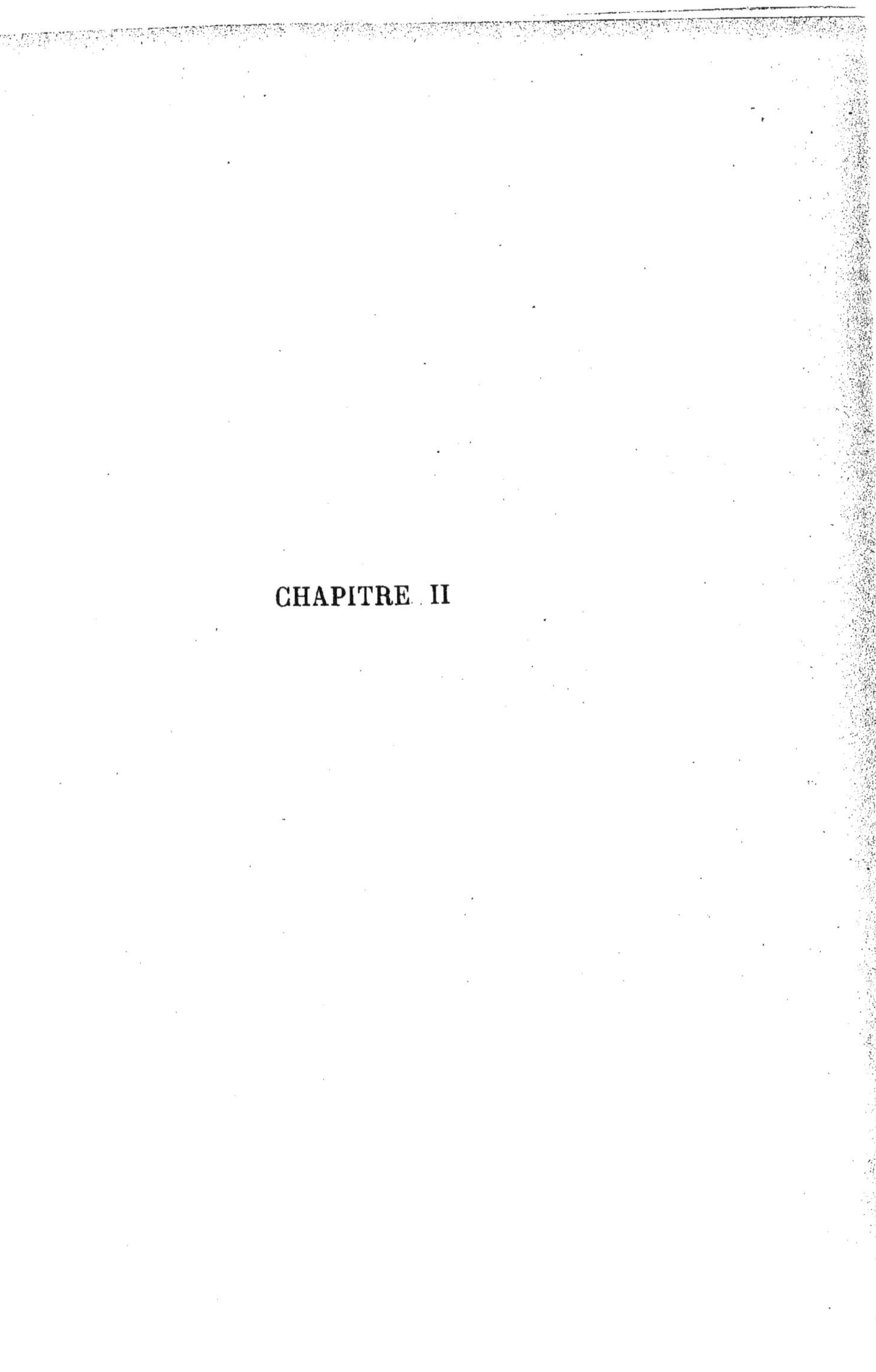

CHAPITRE II

La Pointe Saint-Mathieu.

II

Une pierre très précieuse. — Glorieux ancêtres des Naufrageurs. — Roches dures, têtes dures, cœurs durs. — Race de granit... et de héros. — Une Naufrageuse : *La Mouette*. — Le Fantôme blanc. — Un disparu : *le proella*. — Comment se forment les légendes. — Une redoutable association.

Certain comte de Léon, au moyen âge, recevait un envoyé du roi de France, qui lui vantait, en les dénombrant, tous les trésors de son maître. Lors, le Comte, le menant sur la crête de la falaise, au lieu nommé par les Bretons *Loc-Mazé Pen ar Bed* « La cellule de Saint-Mathieu de fin de terre », pointe escarpée, minée par les flots de l'Océan, et que nous appelons aujourd'hui *la pointe Saint-Mathieu* (1), il lui fit admirer le merveilleux et grandiose panorama s'étendant à perte de vue sur la mer.

Il lui nomma les îles d'Ouessant, de Béniguet, de Molène, les récifs du passage du Four, à gauche de l'Iroise et la pointe allongée du Raz-de-Sein, noyée dans la brume.

(1) La légende raconte que de pieux cénobites avaient fondé là leur ermitage (que remplaça un monastère de Bénédictins, vendu et démoli pendant la Révolution) pour commémorer l'endroit où avait été débarqué le *chef* de Saint-Mathieu apporté d'Ethiopie par des navigateurs Léonards (du Léon) au VIe siècle.

— Il est vrai, lui répondit le messager royal, qu'oncques ne vis spectacle plus grandiose. Mais ce sont richesses qui se peuvent difficilement monnayer, et, notre bon Roy (que Dieu lui garde longue vie !) Philippe le Bel, qui se connaît en l'art épineux...

— De se procurer de l'argent par tous les moyens, car pour lui, tous les moyens sont bons... surtout quand ils sont mauvais... Ceci soit dit sans le vouloir offenser, Monseigneur.

— Ainsi le prends-je, Comte.

— Mais daignez maintenant regarder là-bas cette roche... à l'assaut de laquelle monte le flot...

— Cette pierre ? Eh ! qu'a-t-elle donc de remarquable ?

— C'est une pierre précieuse, Monseigneur ?

— Comte, vous voulez rire et abusez de ma candeur !

— Par le chef de Saint-Mathieu et le front de Saint-Tanguy, les vénérés et vénérables patrons de ces pays, je ne me moque point, et, à votre retour en Paris, pourrez dire au Roi, votre maître, mais non le mien (1), que vous vîtes, en la mer, une pierre plus précieuse que toutes les gemmes de sa couronne royale ?

— Par Dieu, expliquez-vous !

— Oh ! c'est bien simple... Cette pierre est le plus sournois des écueils et, bon an mal an, me rapporte une dizaine de

(1) La réunion définitive de la Bretagne à la France n'a eu lieu qu'en 1532, sous François Ier. La Bretagne fut habitée d'abord par les *Brythons* ou *Britones* (*hommes tatoués*, car ils avaient le corps tatoué d'une couleur bleue empruntée à la plante nommée pastel) peuple farouche brandissant de lourdes masses d'armes au cri formidable de : « *Terri benn !* (casse-lui la tête !) » Très religieux, ils obéissaient à la corporation sacerdotale des Druides. Leurs *bardes* (qui ont des descendants) ou poètes récitaient dans les assemblées du peuple les traditions nationales, les exploits des ancêtres, et au foyer du chef, les hauts faits des aïeux. Une grande défaite navale des Vénètes sur le Morbihan livre la Bretagne (Britannia) à Jules César, mais l'histoire de cette province ne tarde pas à retomber dans une obscurité favorable aux légendes. Sous Charlemagne, le fameux Roland, le héros de Roncevaux, était préfet de la Marche (province frontière) de Bretagne. Le pays eut beaucoup à souffrir des incursions des pirates normands, Nantes surtout, malgré les exploits d'Alain dit Barbe-Torte : durant la guerre de Cent ans, il est ensanglanté par les discordes de ses princes. En 1491, Anne de Bretagne apporte la Bretagne, son apanage, en dot à Charles VIII et ensuite à Louis XII (1499). A la mort de cette princesse, la Bretagne passe en héritage à sa fille la bonne reine, Claude de France, laide et boiteuse mais pleine d'esprit et de douceur : François Ier l'ayant épousée le 18 mai 1514, devient par cette alliance, duc de la province bretonne dont la réunion solennelle et définitive a eu lieu en 1532. On a inauguré dans les derniers mois de 1911, à Rennes, un groupe symbolique de belle allure représentant la réunion de la Bretagne à la France.

naufrages dont je profite... Ce sont là revenus assurés que ne dédaignerait pas votre bon roi Philippe le Bel, toujours à court d'argent... Vous lui pourrez engeigner (enseigner) ce nouvel expédient auquel il n'a certainement pas encore songé...

Et le Comte de rire bruyamment, ne trouvant pas monstrueux de se procurer des ressources par de semblables moyens certes plus répréhensibles au point de vue moral, que les expédients imaginés par Philippe le Bel et ses légistes. Il était, en effet, de tradition, en ces temps lointains, qu'un navire naufragé appartînt corps et biens au seigneur dont l'autorité s'étendait sur le littoral où l'avait jeté la tempête.

C'est ainsi que Harold, avant de monter sur le trône d'Angleterre et d'être défait à la bataille d'Hastings en 1066, avait vu son navire se briser sur les côtes de certain petit comté. Le seigneur comte s'empara de l'infortuné naufragé et le céda à prix d'argent au terrible duc de Normandie Guillaume, fils de Robert le Diable et de la belle Arlette (1). De même qu'un chevalier vaincu dans une bataille ou dans un tournoi devait racheter sa liberté au prix d'une forte rançon payée à son heureux vainqueur, de même l'homme vaincu dans son duel contre la mer, était tenu à racheter sa vie en versant force écus d'argent ou d'or, selon son rang, entre les mains crochues de celui qui parfois... avait provoqué le naufrage. Les pilleurs d'épaves des côtes bretonnes peuvent se targuer d'avoir d'illustres ancêtres, antérieurs même aux nobles lignées des Croisés!

Souvent, pour tromper les navigateurs, les naufrageurs, titrés ou non, allumaient de grands feux dans les nuits noires, les nuits de tempête, pour attirer plus sûrement leur proie sur les récifs. Et, telles les bandes d'oiseaux qui, aveuglés par la lumière des phares viennent se briser la tête ou se casser les ailes contre les lentilles

(1) Nos lecteurs trouveront dans le 2e volume de cette collection « *Le Secret de la Brèche-de-Diable* » consacré à la Normandie d'intéressants détails sur Guillaume le Conquérant.

du foyer, tels les infortunés navires attirés par ces lueurs trompeuses venaient se broyer sur les écueils ou les falaises du littoral.

Parfois même, une ruse férocement inventive leur faisait attacher aux cornes de leurs petites vaches bretonnes un énorme fanal. Et la bête, les deux pattes de devant entravées par une corde, marchait lentement en balançant la lumière que, de loin, les marins dévoyés prenaient pour les feux d'une barque d'où peut-être pouvait venir un secours, secours trompeur, hélas ! Sentant l'espoir renaître en leurs cœurs découragés, ils redoublaient de vigueur pour peser sur les rames, mais c'était à la mort qu'ils volaient sur la crête des vagues furieuses !

A la mort !... Si leurs corps, roulés par les lames, n'ont pas été remportés par elles, si, déchiquetés par les dents aiguës des rocs granitiques, ils ne restent pas au milieu des écueils comme chair à pâture pour les crabes et les sinistres fossoyeurs de la mer, les mouettes et les goélands, si, par miracle, ils échappent à ce sort affreux, une destinée plus terrible les attend...

Les naufrageurs guettent leur proie : en quoi un naufragé diffère-t-il du poisson qu'ils harponnent pour donner la nourriture aux petits qui piaillent la faim dans la masure battue des vents sur la falaise, de l'oiseau de mer que leur flèche rapide atteint dans son vol ? Ne faut-il pas vivre ? Et la mort n'est-elle pas la grande pourvoyeuse de la vie : qu'importe que la victime soit un animal ou un homme ?

Aussi, dans les mains des pilleurs d'épaves fouillant fébrilement les corps des naufragés pour leur arracher leurs trésors, si quelque reste de vie subsiste, au reflet des pierreries se mêle l'éclair de l'acier !... Un dernier soubresaut... un sourd gémissement... un cadavre de plus roule à la mer, cependant que l'homme essuie son poignard et les bijoux ruisselant d'eau et de sang.

Si les infortunés naufragés, sortis sains et saufs de tant de combats, font mine de résister, ils sont vite dépouillés et garottés.

Pour l'âme fruste des épaviers, la mer dont ils vivent... et meurent parfois, est une divinité farouche et sanguinaire à qui plaisent les sacrifices humains. Vague souvenir que leur transmit par atavisme, le culte des Gaulois, leurs ancêtres. Les druides pour honorer le Dieu Bel, le Soleil père de toutes choses, de la lumière, de la chaleur et de la pluie, construisaient d'énormes mannequins à la vague ressemblance de leur dieu et le remplissaient de victimes volontaires... ou forcées, puis mettaient le feu aux combustibles entassés autour de cette horrible figure, couvrant de leurs chants les cris de douleur des malheureux. De même les naufrageurs, ayant conclu une sorte de pacte effrayant avec la mer se faisaient un point d'honneur de ne pas la frustrer de sa proie.

— Partage égal, s'écriaient-ils, à nous l'or et l'eau-de-vie, à la mer les cadavres !

Mœurs d'une barbarie telle que nous nous refuserions à croire qu'elle ait pu exister, si malheureusement l'histoire, et non la légende, n'était là pour nous le certifier, pour nous en donner des preuves irréfutables. En cette terre d'Armorique où la roche est si dure, dures aussi sont les têtes (ne dit-on pas plaisamment que si le front d'un Breton heurte un bloc de granit, c'est la pierre qui éclate et non le crâne !) durs aussi étaient les cœurs, car dure était leur vie.

Leurs cœurs *étaient* durs, avons-nous dit, en employant intentionnellement le passé, mais ils ne le *sont* plus. Et cependant bien précaire encore est de nos jours la vie des rudes habitants de la *Fin des Terres !* Le poète breton Brizeux (1) a défini son pays « la

(1) Brizeux (1803-1858) est le chantre, le barde ému de la Bretagne : c'est ce rude pays de légende, d'histoire et d'héroïsme qu'il célèbre avec des accents pleins de fraîcheur et de vivacité dans son délicieux recueil de *Marie*, de la *Fleur d'Or* ainsi que dans son épopée rustique les *Bretons*. Il a même composé en langue armoricaine des poésies réunies sous le nom de *Telen Arvor*, la Harpe d'Armorique.

Brizeux, né auprès de Lorient a sa tombe dans le cimetière de cette ville. Ce mausolée, dû au ciseau de Etex, est taillé dans un bloc de granit : une couronne d'immortelles est posée sur le sarcophage. L'inscription très simple *A Brizeux* est gravée sur une croix tréflée, à l'imitation des croix byzantines. Un médaillon reproduisant les traits du poète, médaillon en marbre blanc, est surmonté de fleurs de bruyères et de branches de chêne disposées en palmes. Pour obéir au vœu du poète un chêne planté derrière la croix ombrage la tombe de ses rameaux.

terre de granit recouverte de chênes », vers qui ne traduit plus qu'une demi-réalité, car les chênes ont presque entièrement disparu du sol breton, mais le granit est resté et sur cette roche un sol maigre, souffrant du manque d'éléments calcaires ne se prête que difficilement à la culture. Malgré l'emploi de la tangue, cette vase riche en coquilles calcaires, malgré le goémon riche en chaux et en iode et que l'on utilise tantôt brut, tantôt réduit en cendres, en bien des coins de la Bretagne, si nous exceptons la région voisine et parente de la Normandie, péniblement poussent le seigle, le sarrazin ou blé noir, la céréale des sols humides et froids, la pomme de terre qui forme le fond de l'alimentation des paysans et les ajoncs servant pour le chauffage.

Sur le littoral du Nord, quelques cantons privilégiés ont obtenu, grâce aux primeurs que les Roscovites, excellents commerçants en même temps que parfaits jardiniers, vont vendre à Paris, en Angleterre et même jusqu'en Italie, une telle réputation de richesse que la côte a reçu le nom poétique de « Ceinture dorée », mais c'est là une heureuse exception (1).

Dans les pointes qui terminent à l'Ouest la péninsule bretonne et dans les îles d'Ouessant, de Molène, de Sein, etc., qui les prolongent au large, le véritable *champ de culture* est la mer, l'Ar Mor que le poète grec Homère qualifiait si injustement d' « inféconde ». Les grands vents salés rendent la culture difficile et précaire : les femmes cultivent à la bêche péniblement quelque petit coin abrité par des murs de pierres sèches, pendant que les hommes s'en vont à la recherche du tourteau et du homard embusqués

(1) « Le centre le plus connu est *Roscoff*, dans le Léonais : grâce à la tiédeur humide de son climat et de sa situation abritée des vents d'Ouest il cultive les oignons, les pommes de terre de primeurs, les choux-fleurs, les artichauts et les expédie moins encore sur Paris que sur Londres par Southampton. Mais il faut lui ajouter *Tréguier* et *Paimpol* (artichauts et choux-fleurs), *Plougastel-Daoulas* (fraises), *Daoulas* et *Pont-l'Abbé* (petits pois), *Loctudy* dans la pointe de Penmarch, qui expédie aux mineurs de Cardiff ses pommes de terre de grosse consommation. En outre la *Cornouaille* (Châteaulin, Concarneau), le Penthièvre et les marais de Dol fournissent de grandes quantités de pommes à cidre pour l'exportation en Allemagne. » (FALLEX.) Les Bretons de la Cornouaille anglaise parlent presque le même langage que les Bretons de France.

dans les crevasses des roches, du lançon qui se cache dans les sables, des congres ou chiens de mer, des soles, des turbots, des raies, des merlus ou des bancs de sardines, ne rentrant à terre que pour se reposer un instant et repartir vers des dangers sans cesse renaissants. Dur métier, qui exige une énergie de tous les instants, une abnégation qui fait d'eux de rudes soldats, des marins intrépides, et chose qu'ils trouvent toute naturelle, des héros. Lisez seulement les annales de la marine et que d'exemples d'héroïsme comparables aux plus beaux traits rapportés à la gloire de l'Antiquité grecque ou romaine vous y trouverez !

Restés à l'écart des mélanges qui ont altéré et fondu les populations du reste de la France, les Bretons sont restés fidèles à leurs traditions, à leurs légendes, à leur culte fait de pitié et d'épouvante pour leurs morts, à leur âpre volonté poussée jusqu'à l'entêtement, à leur mysticisme, à leur mélancolie native, à leur attachement au sol natal, indéniables qualités qui leur laissent une individualité bien marquée. Pourquoi faut-il que pour eux, ainsi qu'on l'a dit « l'horloge du temps retarde » et qu'à ce respectable attachement au passé, à ce faisceau de qualités cette « race de granit » conserve ses habitudes séculaires de malpropreté, de superstition et d'ivrognerie ?

Et cependant que de progrès accomplis depuis la pénétration pacifique des idées modernes qui sont venues avec les chemins de fer. Il n'est plus un coin du littoral breton qui chaque année ne reçoive sa colonie de baigneurs, et le train qui les y amène remporte de nombreux Bretons qui s'essaiment dans toute la moitié septentrionale de la France. Cette émigration et ces voyages d'étrangers dans la péninsule armoricaine ont déterminé la formation de courants transformateurs : de nouvelles mœurs s'introduisent et la Bretagne cesse d'être un îlot ancien, moralement et géologiquement parlant, isolé de la France moderne. Hélas ! ces habitudes nouvelles ne marquent pas toutes un progrès : l'originalité des costumes et des coutumes cède devant la commune banalité, l'alcoolisme fait de terribles ravages et les Bretons, bretonnants, se font de plus en plus rares.

Toutes les considérations qui précèdent n'expliquent-elles pas suffisamment l'état d'âme de ces insulaires Ouessantins, de ces Léonards de la côte que l'impérieuse obligation de lutter pour leur vie transforma pendant des siècles en véritables sauvages, bandits par nécessité et par inconscience, héros par nature, si pauvres, si déshérités de tout bien-être qu'ils risquaient leur vie pour arracher une planche emportée par le flot, trop tentés par toutes ces richesses que donnent à la mer avare les naufrages, dédaigneux de la mort pour eux-mêmes... et pour les autres !

Ce n'est pas calomnier les *Ouessantins* si prêts à voler sur leurs barques légères au secours des navires en perdition, les habitants de cette île de l'Épouvante chez lesquels, de nos jours, l'hospitalité pour les naufragés est un culte et le vol, inconnu, que de constater, avec l'histoire, que leurs pères furent de farouches pilleurs d'épaves et qu'il leur en coûte encore, actuellement, ainsi qu'aux *Capistes* habitant la pointe du Raz et ses écueils barrière tragique que complète la Baie des Trépassés et aux *Léonards* de ne pas croire que ce que la mer rejette est leur toute propriété (1).

La race des Pilleurs d'épaves a disparu — oh ! il n'y a pas bien longtemps de cela, — et « *à l'extrémité du Léon les gens âgés ont connu des naufrageurs pilleurs d'épaves* et un géographe se rappelle avoir été assailli à coups de pierre dans la presqu'île de Crozon (2) ». Et M. Anatole Le Braz qui a voué à la Bretagne, sa terre natale, un culte pieux et qui par suite peut apporter un témoignage non suspect de partialité constate que « le sang de ses

(1) La loi du 9 août 1791 règle la part faite au Domaine et à l'*inventeur* des objets tombés à la mer par suite de naufrage qui *appartiennent à l'Etat* s'ils ne sont pas réclamés au bout d'un an et un jour : mais on doit *le tiers* des épaves trouvées en pleine mer ou retirées du fond des eaux à ceux qui les ont sauvées.

(2) M. de Martonne : *La pénéplaine et les côtes bretonnes* (Annales de géographie, 1906).

Costumes bretons de Plougastel.

ancêtres *naufrageurs* tourmente encore les veines de la race rude et forte du Léon. Car, ajoute-t-il, la sombre lignée des *pilleurs d'épaves,* c'est principalement en cette région qu'elle a fleuri, *et l'on s'en aperçoit bien, à examiner d'un peu près le type et les façons de leurs descendants...* »

L'érection et la multiplication des phares autant que les progrès des mœurs ont contribué à faire disparaître les derniers Épaviers, tels ceux dont nous retraçons l'histoire. Jusqu'au XIXe siècle, seuls des fanaux allumés au haut des clochers ou accrochés à des poteaux sur les rochers dirigeaient vers les navigateurs dévoyés leurs faibles lueurs cependant bienvenues, mais qu'une pierre habilement lancée n'éteignait que trop facilement... au grand profit des naufrageurs.

Oyez plutôt cette histoire qui s'est passée sur la côte aride et inhospitalière de la Charente-Inférieure où la mer a resserré sa blanche ceinture de galets, coupée par d'immenses rochers et où l'on entend comme une menace le grondement lointain du trou de Maumresson, entonnoir immense qui fascine et aspire les bateaux pêcheurs, et que l'on pourrait comparer au Passage de la Grande-Peur entre la côte et Ouessant, bien qu'il soit moins effrayant :

» Avant qu'on eût établi, raconte un garde-côte, ces deux phares qui brillent le soir, comme deux étoiles reines entre Oléron et Ré, vous auriez pu voir tout en haut du Rocher-du-Bouc un poteau doublé de fer et surmonté d'une énorme lanterne. Chaque soir, le garde allumait le fanal, et les barques qui venaient en amont du roc viraient de bord en apercevant la lumière.

Le bonhomme Rébard, qui ne sait pas le nombre des années qu'il a vécu, m'a souvent parlé du garde Kernan qui passait sa vie à contempler le fanal, si bien qu'on disait qu'il en était fou et que le *bélier noir* (le diable) lui avait tourné l'esprit.

Aussi la lanterne était-elle toujours brillante et pimpante, comme une fille coquette.

Dans les grosses mers, quand le ciel était noir et chargé d'orage, quand les galets concassés roulaient comme le tonnerre, elle brillait sur son poteau et les marins, qui bénissaient le ciel quand ils avaient tourné les récifs, remerciaient un brin au fond du cœur la lanterne de Kernan.

Il était seul pour l'aimer et la protéger, le père Kernan, car Dieu sait qu'elle avait bien des ennemis, la pauvre lanterne! Tous les ravageurs de la côte lui voulaient du mal. Autrefois l'ouragan était leur fête; et, après une nuit de malheur, ils s'arrachaient toutes les richesses que la mer rejetait sur la côte. C'était un métier de l'enfer; mais parmi les épaves il y avait parfois de riches trouvailles et la lanterne les avait ruinés.

On avait tenté de briser le fanal et de déraciner le poteau, mais Kernan déclara qu'il mettrait une balle dans la tête à celui qui aurait le malheur de faire un mauvais coup.

Parmi ceux que la lanterne avait mis sans pain se trouvait une vieille ravageuse qu'on appelait *La Mouette*. Et pourtant celle-là aurait dû avoir pitié des autres, car elle avait son fils en mer, un brave marin de vingt ans, Jacques, que tout le monde aimait pour son bon cœur et sa gaieté.

La saison avait été belle, cette année-là, et une partie des ravageurs s'étaient enfoncés dans les terres pour y trouver du travail. *La Mouette* blasphémait du matin au soir, et, un jour, montrant le poing à la lanterne :

— Fanal de l'enfer! s'écria-t-elle, on t'a mis là pour ruiner le pauvre monde; mais il faudra que cela finisse!

— Vous êtes une méchante femme, *La Mouette*, répondit Kernan, le bon Dieu vous punira.

C'était au temps de l'équinoxe; la mer trouvait son lit trop étroit. Au soir, les flots, géants échevelés, se dressaient pour menacer le ciel. Le vent jurait comme un damné, et, en mer, on entendait tonner le canon d'alarme.

Le père Kernan remplit sa lanterne d'une bonne huile bien limpide, il lui mit une belle mèche, et, quand il vit la clarté bienfaisante se répandre à l'entour du roc, il alla se coucher, en priant Dieu pour ceux qui étaient en danger de mourir.

La Mouette qui l'avait guetté, grimpa à son tour sur le rocher. A force de jeter des pierres, elle finit par casser un des carreaux du falot... Le vent et la pluie s'y engouffrèrent, et la lumière s'éteignit tout à coup...

En mer, le canon tonnait en désespéré...

Au point du jour, quand Kernan trouva sa lanterne brisée, il tomba roide sur le rocher et se tua du coup. *La Mouette*, de son côté, courut au rivage. Les galets étaient jonchés de débris... mais il y avait aussi des cadavres ! Elle courait de l'un à l'autre, enlevant les anneaux, retournant les poches. Elle roulait les barils, traînait les ballots...

Mais, tout à coup, elle pâlit, chancela, puis tomba à deux genoux sur les pierres blanches. Il y avait du feu dans ses yeux. Elle tournait et retournait un cadavre, lui tâtait le cœur, puis l'embrassait en pleurant comme une folle, car elle avait reconnu son fils... son fils Jacques, qu'elle aimait tant.

Elle enleva le corps et le porta jusqu'à sa hutte. Là, elle l'enveloppa de linges bien chauds... Et elle appelait Jacques ! Et elle se meurtrissait la poitrine !...

Depuis ce jour elle ne sortit plus de sa hutte. Elle demeurait comme une statue, assise jour et nuit sur une pierre. Quelques bonnes âmes lui portaient à manger. Et elle priait tant, elle pleurait tant qu'on accourait de dix lieues à la ronde pour la voir prier et pleurer.

Un matin, à ce qu'on dit, elle fut trouvée morte sur sa pierre. On voulut l'enlever, mais personne n'en put venir à bout. L'eau qui suintait du roc avait pétrifié la vieille femme. Elle était là, morne, livide, comme la statue de la Douleur.

Et, comme on lui avait fait de fréquentes aumônes, on fit avec cet argent, suivant le désir de *la Mouette*, élever un phare à feu fixe à la place du fanal de Kernan. C'est celui qu'on appelle aujourd'hui le phare de *la Repentie*... » (1)

*
* *

L'infernal timonier qui a si bien conduit à sa perte le majestueux *Austria* n'avait rien d'un démon que la sauvagerie et l'instinct du mal : c'était un rude Breton de l'île de Sein (2) qui avait toujours vécu en dehors du droit chemin, en état de révolte contre le bien et contre la société, inspirant à tous, même à ceux de sa famille, une terreur qui n'était que trop justifiée. Quelque rapine était-elle commise ? D'une commune voix, Nicolasik (tel était son nom) en était désigné comme l'auteur. Quelque rixe sanglante, suite d'une orgie où le gin, le rhum, le wisky et le terrible trois-six provenant le plus souvent d'une épave avaient coulé à trop larges flots, éclatait-elle, on pouvait être assuré de trouver au nombre des combattants les plus acharnés le farouche et sauvage Nicolasik. Que de bras avait cassés, que de crânes avait fendus le terrible moulinet du *penn-baz,* le gourdin formidable que faisaient tournoyer dans l'air, en cercles fatals, ses bras d'hercule !

C'était un rude gars que ce gars breton ! Les biceps énormes de ses bras saillaient sous les manches de laine de sa grosse vareuse déteinte par les pluies et les embruns, rongée par l'eau de mer, et ses braies de toile grise relevées jusqu'aux genoux laissaient voir

(1) Aurélien Scholl.

(2) L'île de Sein a 2 kil. 1/2 à peine de longueur sur 1 kil. de large à ses deux extrémités. Ce fut autrefois un cimetière de druides et le séjour d'un oracle célèbre, dont les interprètes étaient neuf prêtresses comparables aux Vestales romaines. Chateaubriand, dans *les Martyrs*, a tiré de l'île de Sein l'épisode célèbre de *Velléda* la dernière des neuf vierges qui y desservaient le sanctuaire de Teutatès. Les anciens habitants de Sein avaient été, à cause de leur férocité proverbiale envers les naufragés surnommés *les Diables* et sont, aujourd'hui, comme les Ouessantins, les plus humains des insulaires. L'île n'a pas 700 habitants.

Un acte de dévouement qui rappelle le précédent a été accompli le 18 avril 1912, au phare de Kerdonis : Matelot, gardien du phare mourait dans la nuit ; sa femme et ses deux enfants (13 et 14 ans) assurèrent l'allumage et le fonctionnement des feux pendant toute la nuit.

des mollets nerveux, fermes où sous la peau hâlée, bronzée, noircie par le vent du large et l'ardeur du soleil, roulaient ses muscles.

Sur son corps d'athlète, d'une stature formant avec la petite race bretonne un contraste frappant, était plantée sur un cou de taureau largement découvert, comme la poitrine, aux morsures de l'air et de l'eau, une tête d'oiseau de proie aux yeux d'acier, au nez recourbé descendant sur des lèvres minces et d'un dessin énergique. Et de son bonnet de laine penché crânement sur l'oreille s'échappaient les boucles brunes d'une opulente chevelure frisée.

Toute contrainte, toute discipline lui semblant un poids intolérable, lorsque vint pour Nicolasik l'heure de payer à la Patrie l'impôt qu'elle exige de tous ses enfants, l'inscrit maritime (1) embarqué à bord d'un de nos plus beaux cuirassés, se montra impatient du joug et peu fier de promener sur les mers le drapeau de la France que fouette le vent et qui palpite ainsi qu'un cœur vivant. Que lui importait à lui, l'homme aux instincts de brute, que ce navire d'acier d'où sortent les longs canons dont la voix profonde fait tressaillir les flancs de cette citadelle en marche, représentât autre chose qu'un amas savant de fer à savoir, la Patrie elle-même, la Patrie mouvante ?

(1) L'*Inscription maritime* dont l'idée et le premier établissement remontent à Colbert, le grand ministre de Louis XIV, règle l'enrôlement des gens de mer que n'atteint pas la loi du recrutement militaire auquel sont astreints tous les « terriens ». Tous les pêcheurs du littoral et les ouvriers des professions maritimes peuvent être appelés à servir sur la flotte militaire ou à travailler dans les arsenaux. La France ou plutôt *le territoire maritime français* est divisé en cinq préfectures (Cherbourg, Brest, Lorient, Rochefort, Toulon) qui dressent l'état nominatif (inscription maritime) de tous les gens de mer de 18 ans jusqu'à 50 ans révolus.

Ces hommes sont divisés en quatre classes : *célibataires, veufs sans enfants, mariés sans enfants, pères de famille* et sont soumis à une *levée permanente* et à une *levée spéciale*. La levée permanente se fait par ordre de classes : on épuise la première avant de passer à la deuxième et ainsi de suite tant que le contingent n'est pas rempli ; la levée spéciale sert de supplément à la première en cas de besoin. Les inscrits jouissent de divers privilèges : exemption du recrutement militaire ; droit, à 50 ans, après 300 mois de navigation au commerce ou mixte, ou le même temps de service dans les arsenaux à une pension de demi-solde ; secours mensuel de 2 ou 3 francs pour chacun des enfants jusqu'à 10 ans ; reversibilité de la pension sur la veuve, droit de pêche, etc.

La Patrie, disait-il, est là où l'on est bien. Or il se trouvait fort mal sur le *Duguay-Trouin* où il avait passé la moitié de son temps aux fers : aussi trouva-t-il préférable de déserter et comme la nostalgie de la mer sauvage, si cruelle et si bonne mère à la fois, lui tenaillait le cœur, il revint rôder dans les parages de la Fin des Terres, et débarqua à Lampaul (1) le principal port et groupement de l'île d'Ouessant.

Or, quand il y aborda, tous les hommes étaient en mer et l'épouvante régnait parmi les Ouessantines. Tous les soirs, à la nuit tombante, on apercevait un grand fantôme blanc qui errait dans les rochers... Plus hardie, l'une d'elles s'était avancée, et, en se dissimulant derrière les blocs de granit, plus morte que vive, elle avait vu le fantôme mystérieux : le vent soufflant en tempête avait soulevé le manteau de neige (le linceul, bien sûr, disait la commère) et découvert une sorte de pourpoint écarlate, rouge comme du sang ou du feu ! Jugez de sa peur... Ce devait être le diable en personne ! Brr !...

Parfois aussi on entendait répercutées par les échos des falaises des détonations singulières et, en faisant le dénombrement de son troupeau, quelque bergère constatait qu'il lui manquait un mouton. L'apparition fantastique avait bon appétit !... Durant les jours de tempête, le blanc fantôme errait de roche en roche, comme une blanche mouette sans crainte des vagues ni des rafales.

— Et personne n'a osé aller voir où ce bel oiseau a fait son nid ? demanda Nicolasik.

— Mais c'est le diable en personne ! murmurèrent les bonnes femmes en se signant et en jetant autour d'elles des regards effarés..

(1) L'Ile d'Ouessant a environ 16 kilomètres de tour et n'a pas 2.500 habitants qui pendant les durs mois d'hiver sont complètement sans relations avec la Grande Terre, le Continent. *Lampaul* a remplacé *Portz-Pol*, l'anse de Pol Aurélien qui au VIe siècle évangélisa l'île de l'Epouvante. C'est dans les eaux d'Ouessant que la flotte française remporta en 1778 une brillante victoire sur la flotte anglaise de l'amiral Kepper. On y élève beaucoup de moutons.

— Quelque diable... dans mon genre... ou comme il y en eut, dans les temps passés, à *Enez-Sizun* (Sein) et à *Enez-Heussa,* l'île de l'Épouvante où règne l'épouvante à cause de cet épouvantable démon !... Ho ! ho ! ho ! ho !...

Et, content de son esprit... facile, Nicolasik se mit à rire bruyamment.

— Peut-on rire de choses aussi extraordinaires et merveilleuses... sataniques sans aucun doute !

— Si ce singulier oiseau ne veut pas se faire connaître et ne vous a pas fait l'honneur d'une visite, c'est moi qui irai le trouver, bonnes femmes, et je vous le ramènerai mort ou... vif, sur ma parole !

— S'il ne vous emporte pas auparavant !

— J'ai là de quoi me défendre, répondit Nicolasik, en montrant ses poings d'athlète et son redoutable penn-baz dont un vrai Breton ne se sépare jamais, et il pourra lui en cuire de faire connaissance avec moi, à votre beau diable !... Allons, au revoir, braves femmes, et dormez tranquilles cette nuit, je vais lui dire deux mots bien sentis... au fantôme !...

Et, comme surgissaient les premières brumes de la nuit, Nicolasik partit à la rencontre du mystérieux fantôme... Tandis que sa haute et large silhouette se rapetissait et s'imprécisait, les Ouessantines, dans un silence dramatique et presque angoissant, sentaient se glacer leurs cœurs remplis d'une immense pitié pour ce téméraire qui s'en allait courir vers d'aussi redoutables hasards... Longtemps elles le suivirent des yeux même après qu'il eut disparu dans la grisaille des brumes poussées par le vent comme des rideaux qu'on tire...

La nuit venue, et, avec elle, une forte brise de terre, comme à regret, elles s'éloignèrent à travers les champs dénudés, clos de pierres sèches, une à une, tournant souvent vers la falaise leur tête anxieuse, écartant avec l'espoir de voir *quelque chose,* leurs longs cheveux échappés de leurs coiffes plates à l'italienne et que le vent faisait flotter devant leurs yeux... Plus d'une fois encore, avant d'entrer dans leurs masures, elles s'arrêtèrent pour écouter... Leurs cœurs battaient si fort qu'elles croyaient entendre de lointains et sourds appels... Aucune d'elles ne dormit cette nuit-là...

Le lendemain, dès l'aube, elles s'abordent, s'interrogent, scrutent de leurs regards aigus les masses encore sombres des rochers où le drame, drame affreux ! a dû s'accomplir. En effet, elles ne revirent point Nicolasik.

*
* *

Quelques jours plus tard, les hommes revinrent à Lampaul d'Ouessant... Mais il en manquait un.

— Le Fantec ! mon homme ! Jésus ma doué !

— Disparu !

— Ah ! mon Dieu ! *Marw éo !* Il est mort !

— Nous ne l'avons pas retrouvé... et cependant nous l'avons longtemps cherché... Nous ne ramenons que sa barque...

Pour les marins, pour leurs femmes, cela paraît tout simple, tout naturel, qu'au retour au foyer quelques-uns manquent à l'appel. La mer les a bercés, la mer les a nourris, la mer les a faits robustes et forts, la mer les reprend, un peu plus tôt, un peu plus tard, est-ce une raison pour l'accuser d'être une marâtre ? Combien peu de pêcheurs bretons reposent sous les gazons fleuris des cimetières ! Que de croix portent l'inscription : Un tel péri en mer... dans les parages de... à l'âge de 21 ans !... Que de noms peints sur les dalles funéraires des chapelles rappellent ceux qui se perdirent dans les nuits d'ouragan ! Aussi n'est-ce pas par indifférence, par dureté de cœur que les pêcheurs avaient annoncé si brutalement à la pauvre Le Fantec la disparition de son homme ! Une femme de marin doit toujours s'attendre à ces nouvelles-là : « Femme de marin, cœur de chagrin ! » dit le proverbe.

Même ils la plaignaient et cherchaient à la consoler : ils ramenaient la barque, elle avait des fils qui remplaceraient le disparu... jusqu'au jour où le même sort viendra les lui enlever... pensait-elle.

— Il faut s'occuper du *proella,* dit l'un d'eux. Quel est le parrain de Le Fantec ? c'est Yann, je crois... le vieux Yann... il va falloir le prévenir.

Le *proella* est une pieuse coutume de l'île d'Ouessant dont les habitants ont pour leurs morts un culte touchant, comme tous les Bretons d'ailleurs : le *proella* est le convoi funèbre de ceux qui *sont péris* en mer et dont on n'a pu ensevelir la dépouille. Une petite croix de bois figure le cadavre du disparu, et reçoit tous les honneurs funèbres que la famille et les amis lui eussent rendu, s'il avait pu être recueilli...

Pieusement découverts et recueillis, les compagnons de Le Fantec accompagnent la petite croix de la masure jusqu'à l'église de Lampaul, avec le clergé conduit par le recteur (ainsi le curé se nomme-t-il dans toute la Bretagne) et, l'office célébré devant la petite croix de bois occupant la place où eût été déposé le cercueil, le vieux Yann, un patriarche qui avait « bourlingué » sur tous les océans et passé au travers de tant de tempêtes qu'il en avait perdu le souvenir, mais ne pouvait renoncer à vivre sur la mer qui se refusait à le prendre, alla respectueusement déposer aux pieds de la statue de saint Pol le coffret, minuscule cercueil renfermant la croix simulacre du cadavre du naufragé.

Deux grosses larmes roulaient sur ses joues glabres et creusées de sillons profonds, bien qu'il eût, hélas ! l'habitude de ces tristes cérémonies... Et toute l'assistance était émue de la même émotion...

Mais « comme on ne peut pas vivre avec les morts » ainsi que le disaient les vivants, ils ne tardèrent pas à aller fêter leur heureux retour en buvant quelques bolées de cidre et bon nombre de

6

verres de « gwin ardân » d'eau-de-vie, d'alcool plutôt, et non du meilleur mais du plus fort. Quelques-uns absorbaient une infusion d'anis, d'un goût plus que détestable qu'ils estimeraient la meilleure des boissons « si l'on n'avait pas inventé l'eau-de-vie ! »...

Les femmes les mirent au courant des étranges événements qui s'étaient passés dans l'île, durant la campagne de pêche qui les en avait tenus si longtemps éloignés. Superstitieux et crédules, étant aussi profondément ignorants (car seule la lumière de l'instruction chasse les revenants, les fantômes et tous les génies mystérieux embusqués dans les ténèbres du cerveau), les Ouessantins acceptèrent pour véridique l'apparition du « Malin » drapant son pourpoint de feu dans les plis de son blanc manteau. Une seule chose les intriguait : quel pouvait être cet homme qui avait dit s'appeler Nicolasik, un vrai breton, pour sûr, à son accent et sa tournure, mais non un Ouessantin ? D'où sortait ce téméraire assez fou pour aller se mesurer avec une puissance de l'Autre Monde ? Et quel talisman avait-il emporté, outre son *penn-baz* (d'une efficacité douteuse contre un fantôme !) pour s'assurer la victoire ?

Néanmoins les plus hardis des marins — ils le sont tous quand ils ont un danger réel, tangible à affronter, mais non en face du mystère — se hasardèrent à aller explorer, avec un frisson de crainte superstitieuse, le chaos des roches granitiques où s'était montrée la blanche apparition... Rien !...

Ici, la falaise haute de cent pieds dévale à pic dans l'abîme, muraille formidable dont les saillies sont à peine suffisantes pour permettre à un goéland de s'y reposer, mais non à un pied humain de s'y aventurer... Là, s'ouvre l'ogive d'une caverne dans laquelle s'engouffre la mer dont les vagues sapent les parois de leur prodigieux et terrifiant bélier... Plus loin, des rochers isolés, monstrueux, déchiquetés, des obélisques, des menhirs taillés par les lames sauvages et qu'un jour elles renverseront, pour se divertir, comme lorsqu'elles les ont sculptés et cela, en des temps relativement peu éloignés... Rien !... Toujours rien !...

Le temps passa... On ne revit plus la blanche apparition, on resta toujours sans nouvelle de Nicolasik. Les bonnes femmes d'Ouessant en conclurent que le Fantôme errait à la recherche d'une victime humaine : il l'avait trouvée dans le téméraire Breton assez risqué pour aller le combattre, et depuis lors, satisfait, il était rentré sous terre...

*
* *

Ainsi se créent les légendes. L'imagination populaire s'empare d'un fait vrai, l'enjolive de mille détails inventés, l'altère, le transforme, jette par-dessus le tout un voile de poétique fiction, car le peuple a plus de poésie en l'âme que les poètes eux-mêmes, beaucoup de sentiment, une pointe d'ironie, énormément de surnaturel et voilà une légende nouvelle. « Poète » étymologiquement veut dire « créateur », or les Bretons sont essentiellement créateurs de légendes poétiques. « Qui jugerait le paysan de la Bretagne sur son extérieur grossier, le croirait dépourvu de toute intelligence et de toute imagination ; mais il se tromperait. Ces hommes, si sauvages dans leurs apparences, si difficiles à émouvoir, à faire parler, sont pleins d'originalité et de poétiques instincts. La vie qu'ils mènent dans leurs habitations isolées rappelle celle des patriarches de la Mésopotamie et des Arabes des déserts. Allez, un soir d'hiver, quand la *fillerie* (l'ensemble des femmes et des filles) est réunie autour du foyer ou dans l'étable, et que le conteur est assis au milieu des femmes attentives, allez écouter leurs traditions, leurs légendes, leurs ballades populaires, et vous demeurerez émerveillé de la richesse de ces récits, dont aucune traduction ne peut rendre la prestigieuse variété ni l'incisive rudesse (1) ».

Et c'est ainsi que dans les chaumières de l'île de l'Epouvante,

(1) Emile Souvestre.

le soir, à la veillée, lorsque dans la grande cheminée où brille le feu d'ajoncs secs et des galettes composées de fiente de vache, de paille ou de goémon que l'on a fait sécher au soleil durant la belle saison contre les murs de galets des masures, vous pourriez ouïr la vieille grand'mère raconter, en breton, bien entendu, l'histoire du *Fantôme Blanc* qui dévora méchamment le téméraire Nicolasik. Et, peut-être, tressailliriez-vous de peur tout blasés que vous pouvez être, en entendant ces contes fantastiques, accompagnés par les gémissements de la rafale et l'éternelle plainte de la mer sauvage.

Pour être moins saisissante et moins poétique que la légende, l'histoire n'en est pas moins assez dramatique. Le fantôme blanc existait réellement : c'était un de ces trafiquants arabes que ses louches opérations décorées de l'épithète : commerciales, mais en tout cas, peu honnêtes, avaient amené en France, ou plutôt auraient amené si la tempête n'avait brisé le vaisseau qui le portait dans le passage du Fromveur. Le bandit avait eu la chance de s'accrocher à une vergue et les courants l'avaient — non sans quelque brutalité — déposé sur une grève de galets dans un petit îlot proche d'Ouessant.

Revenu à lui, l'Oriental, estimant que la plus élémentaire prudence lui imposait de ne pas attirer l'attention sur lui, avait résolu de vivre, au moins pendant un temps, comme un Robinson, là, où la tempête l'avait jeté. Quoique fort malhonnête, Sidi ben Meckhnèz n'en était pas moins un musulman convaincu et, en bon fataliste, il se disait qu'Allah fait bien ce qu'il fait et il bénissait Allah et Mohammed raçoul Allah, Mahomet son prophète, de l'avoir sauvé du naufrage et de l'avoir dépouillé de sa fortune.

Admirable résignation, que l'on admirera un peu moins lorsque l'on aura appris que Sidi ben Meckhnèz avait tout perdu de ce qui lui appartenait, mais avait retrouvé une belle fortune, car les épaves de son propre navire ayant suivi le même courant que lui, il avait recueilli sur son îlot des trésors bien plus considérables ! Allah y Allah y Mohammed raçoul Allah ! Dieu est grand et Mahomet est son prophète !

En attendant une occasion de s'évader, en toute sécurité, avec ses trésors, de son rocher providentiel, sans courir trop de risques tant de la part de l'océan que de la part des hommes plus redoutables peut-être, il menait une existence assez piquante d'un Robinson au xxe siècle. Des caisses et ballots éventrés il avait retiré quelques instruments et ustensiles : la pêche, la chasse... et le vol lui procuraient poisson, gibier... et moutons ouessantins à la chair délicate et parfumée comme tous les moutons de *pré-salé* et, s'en remettant à Allah de lui offrir l'occasion qu'il espérait, il ne s'ennuyait pas trop. Il eût mieux aimé cependant avoir un compagnon... Le hasard lui envoya Nicolasik, il le garda. La tempête leur apporta Le Fantec, ils l'acceptèrent dans leur société. Sidi ben Meckhnèz, Nicolasik et Le Fantec fondèrent une firme commerciale dont la raison sociale eût pu être « *Les Pilleurs d'épaves* ou *les Naufrageurs du Trou-de-l'Enfer !* » et qui eût donné à des actionnaires de formidables intérêts.

CHAPITRE III

La pieuse coutume du Proella.

III

Trois têtes sous un bonnet. — Les Naufrageurs à l'œuvre. — La légende du *gwin ardân*. — Des gémissements dans l'ombre. — Un sauvetage héroïque. — Un sauvetage moral. — Nicolasik fait de l'esprit. — Des canons de bois qui font de bonne besogne. — Le Trou-de-l'Enfer.

Dans cette redoutable association de bandits Sidi ben Meckhnèz, Nicolasik et Le Fantec étaient ce que l'on aurait pu appeler l'état-major, mais il y avait des comparses, une dizaine de « mauvais chiens » à qui un signal convenu annonçait l'heure de la curée, brutes que l'on payait avec quelques barriques de vin ou un tonnelet de rhum, de « gwin ardân » s'il s'en trouvait. Ils étaient les bras, les trois autres étaient la tête : trois têtes sous un même bonnet... le bonnet de forçat qui les attendait un jour ou l'autre ! Le Fantec cependant ne donnait encore que des promesses... Les tiendrait-il ?... Nicolasik, lui, avec sa connaissance des lieux, des passages, des écueils, des courants, de ces îlots étranges qui sont, semblent-ils, sans attaches fixes, s'éloignent, se rapprochent, se fondent dans la limpidité du ciel où se dressent sinistres, menaçants, hostiles sous la proue même du bateau, Nicolasik était le pilote, le chef actif des redoutables expéditions. Ce poste, tout de danger, convenait à cette brute héroïque dans le mal en qui revivait l'âme des hardis corsaires d'autrefois. Car les Naufrageurs du Trou-de-l'Enfer ne se contentaient pas d'aller piller les navires jetés à la côte, embarcations le plus souvent pauvres dont les épaves étaient généreusement abandonnées, l'argent excepté, aux comparses, mais où se révélait leur maîtrise, c'était dans l'art de *provoquer* le naufrage.

Il fallait être un rude homme pour mener seul la barque dont il tenait la barre de ses deux mains crispées, cependant que la seule voile qu'il gardait à l'avant ronflait comme une peau de tambour ! Et le frêle esquif volait, plus vite que la rafale elle-même, au milieu des écueils aux rauques aboiements, fouettée par les lames, menacée vingt fois d'être engloutie, mais vingt fois victorieuse du « grain ». Et le mystérieux oiseau de proie — si petit — allait s'attaquer aux monstrueux mastodontes de la mer, tel l'*Austria*, semblable à un épervier qui s'acharnerait sur un éléphant gigantesque qui serait obligé de se reconnaître vaincu !

Au risque de se briser contre les flancs du paquebot, Nicolasik l'avait abordé, et, abandonnant sa barque, s'était hissé sur la passerelle comme un démon protégé par les forces démoniaques de la nature. Comment il conduisit l'*Austria* à sa perte, nous l'avons vu...

*
* *

Tân ! tân ! gwol ! tarânn ! tân !
Dir ! tân ! gwad hâc gwin ardân !

. . . .

La houle mugit, la houle !
La houle écume à Poulmoustrek,
Elle pousse sur le Grannek
Le navire que son flot roule.
Les pilleurs sur le bord se rassemblent en foule.

Voici que le vaisseau s'approche,
Sur le roc de Morgat (1) *une lanterne a lui*
Qu'une vache à son cou porte comme une cloche
Le vaisseau va s'éventrer sur la roche
Nous aurons du vin aujourd'hui (2) !

Tân ! tân ! gwel ! tarânn ! tân !
Dir ! tân ! gwad hâc gwin ardân !

. . . .

L'épave de l'*Austria* se disloque avec des craquements d'un cercueil qui éclaterait, et se cabre pour s'arracher aux tenailles de granit, aux gigantesques pinces de crabe qui s'enfoncent en sa chair pantelante. A l'œuvre, naufrageurs ! Détroussez les cadavres et si les diamants ne viennent pas assez vite, coupez le lobe de l'oreille ou le doigt crispé dans l'épouvantable agonie. Eventrez les caisses, les ballots, forcez les malles et les coffrets... Que d'or ! que d'or ! Mais hélas ! Que de sang aussi !

Par l'effroyable déchirure faite au flanc du paquebot un torrent furieux s'est engouffré et des six cents personnes, parties joyeuses, la veille, pour l'Amérique où les attendaient parents, amis, plai-

(1) Entre la *rade de Brest* et la *baie de Douarnenez* se trouve la presqu'île de Crozon qui semble le trident de granit que quelque dieu marin enfoncerait au cœur de l'Océan de la *Mor braz*, de la grande mer (par opposition au Morbihan : la petite mer). Ce ne sont que caps (cap de la Chèvre-Pointe de Dinan, etc.), falaises de 60 à 80 mètres de hauteur, cavernes d'engouffrement « le décor de mer le plus grandiose, le plus pathétique et je dirai presque le plus déconcertant qui soit en Bretagne ». (A. LE BRAZ). Au sud du bourg de Crozon se trouve l'anse de sable de *Morgat* dominée par des roches imposantes où la mer a creusé la grotte de *Sainte-Marine*, la *Cheminée du Diable*, entonnoir monstrueux éclairé par un déchirement des rochers de la voûte et surtout la grotte de *l'Autel* où l'on ne pénètre qu'en bateau par une entrée très basse. Mais, à l'intérieur, la voûte est haute de plus de 10 mètres : dans une galerie obscure où s'engouffre la mer, se dresse au centre une sorte de table de granit, *l'Autel*, dont on fait le tour en barque. « Ce qui s'étale sous le ciel libre n'est rien auprès des splendeurs cachées. Pour peu que, à mer basse, le soleil déclinant, vous vous risquiez dans l'étroit sentier de précipice qui plonge vers la grève, un monde vous est révélé qui vous arrache, dès le seuil, un cri de stupeur et d'émerveillement... Il n'y a pas de mots pour peindre de tels miracles de somptuosité. Des ruissellements de pierres précieuses coulent le long des parois, la voûte en est lambrissée, et le parquet lui-même, chaque jour lavé, poli par la vague, s'embrase de tous les feux d'une mosaïque invraisemblable, sertie d'émeraude, d'améthyste, de topaze et de diamant Cela tient de l'hallucination, du prodige. » *Le château de Dinant* relié à la terre par un pont naturel percé de deux arches monumentales est un rocher dont les pointes hérissées ayant la forme de tours et de pans de murs en ruines, ressemblent aux vestiges grandioses d'un château-fort.

(2) D'après Pierre Maël, ce chant s'appelle le *Chant de la Vache*, les derniers vers l'expliquent suffisamment : c'est le fanal de la vache qui provoque le naufrage.

sirs ou intérêts, pas une seule ne survit !... Tant mieux ! le crime des naufrageurs n'aura de témoins que la nuit et la tempête...

Sidi ben Meckhnèz et Nicolasik rayonnent d'une joie féroce, et regardent, avec quelque mépris, leurs accolytes boire à longs traits le vin et les alcools des tonneaux défoncés.

— A ta santé, *baz dotu !* (mal bâti !)

— A la tienne, Nicolasik... et merci...

— Tu as au moins la reconnaissance du ventre, toi !

— Aussi je l'emplis consciencieusement.

Et l'homme apostrophé, trouvant que le creux de ses mains ne contient pas assez de ce « gwin ardân » dont trop longtemps il a été sevré, prend son sabot, et, haussant jusqu'à ses lèvres cette coupe de bois pleine jusqu'au bord du nectar doré :

— A la vôtre, patron !

Puis il roule, ivre-mort... Un autre !... Un autre encore !... Un quatrième !... Le tout au milieu d'exclamations sauvages, de jurons, d'appels, de malédictions, de hoquets, de cris de bêtes fauves... Ce ne sont plus en effet des hommes, mais des brutes déchaînées... Les poings se tendent, les couteaux brillent, mais, vaincus par l'ivresse, ils s'abattent, s'écroulent, et, ravis, cuvent leur « gwin ardân »...

— Bah ! laissons-les ! dit à Nicolasik Sidi ben Meckhnèz. Ils ne sont pas tous les jours à pareille fête, les pauvres diables ! Cela les change de leur soupe au poisson salé et leur cidre ou de leur poiré aigre !...

— Chacun son plaisir ! A nous les joyaux et l'or ! A eux l'orgie...

— Tout bien considéré, cela vaut mieux ainsi... Vautrés dans l'ivresse, ils ne nous gêneront pas... Allah fait bien ce qu'il fait... et le diable aussi... sinon il n'eût point inventé l'eau-de-vie.

— Comment, en vos pays... du diable si je sais où ils sont, c'est aussi le diable qui fut le premier distillateur du *gwin ardân ?*

Très drôle… nous disons la même chose, en Bretagne (1). Etant des « *diables* » puisque c'est le nom qu'on nous donne à nous les Naufrageurs, n'est-il pas bien juste que nous profitions de ce qu'a fait de bon, le bon Diable ?

— Oui, mais laissons-leur ces plaisirs grossiers… Combien l'ivresse de l'or est plus délicate et plus voluptueuse !

— Les deux ont du bon ! murmure Le Fantec. Mais hâtons-nous, car voici la mer qui monte. Secouons ces dormeurs, sinon ils ont des chances de se réveiller… dans l'autre monde.

— Bah ! l'eau froide leur fera du bien et se chargera de dissiper en leurs cerveaux les fumées de l'alcool ! Songeons à nous d'abord… et après nous le déluge !…

Lourdes étaient leurs charges et dur le chemin qui séparait l'épave de l'*Austria* du Trou-de-l'Enfer, le rocher où ils recélaient leurs trésors. Mais, tout à coup, Le Fantec s'arrête :

— Ecoutez, dit-il, n'entendez-vous rien ? Cette plainte…

— Le vent qui gémit… l'cau qui glisse par quelque fente…

(1) La légende raconte qu'un jour les habitants du ciel, incommodés par une fumée épaisse qui montait de la terre s'en furent se plaindre au Père Eternel. Celui-ci qui n'était pas très bien renseigné sur ce que faisaient les hommes, envoya saint Pierre aux renseignements. Etonnement du Bienheureux en voyant hommes, femmes et enfants boire, chanter et danser auprès d'un instrument aux formes bizarres, sorti à coup sûr des forges de l'enfer : c'était un alambic. Ayant très chaud, il accepte imprudemment de goûter à l'infernale liqueur, et, ma foi, la trouve excellente. Six fois il remplit et vide son verre, mais à la fin, il tombe comme une masse et s'endort.

Et toujours la fumée montait au ciel… On s'inquiète… Pourquoi saint Pierre ne revient-il pas ? Aurait-il perdu les clefs du Paradis et se morfondrait-il à la porte ? Saint Paul se met en quête et trouve son saint collègue ronflant sous un arbre. Lui aussi déguste le gwin ardân, sans penser à mal, et les voilà tous deux dormant côte à côte, comme de simples mortels… parfaitement gris.

Saint Georges décroche sa grande épée et reçoit l'ordre de ramener les deux égarés. Il les retrouve et, malgré l'épaisse fumée, aperçoit Satan rôdant autour de l'alambic : il le poursuit, mais réussit seulement à lui couper la queue. De sa poigne robuste, il saisit saint Pierre et saint Paul et les emporte sur son dos. Jugez de leur confusion quand se furent dissipées les fumées de l'ivresse ! En somme le Diable n'avait perdu que sa queue, mais la liqueur dont il a enseigné la recette aux hommes lui vaut pas mal de recrues pour son empire.

« Toute la Bretagne souffre du même mal qui travaille les robustes tempéraments de ses fils, *l'alcoolisme…* Tout leur est prétexte à libations : baptêmes d'enfants, baptêmes de bateaux, fêtes religieuses, noces, enterrements. Ils s'enivrent avec volupté, avec rage… » (*La Terre du Passé*). Que dit aussi O. Reclus ? « Mais voici l'erreur, l'infamie, l'injustice, l'abomination de la désolation ; l'honnêteté, la droiture, l'esprit de sacrifice, le dévouement, la fidélité, l'honneur, le courage passif et la vaillance active, la volonté, la foi, la fleur de poésie, *tout cela dépérit et meurt, sous le robinet des tonneaux d'alcool* ».

— Non, on dirait un gémissement humain...

— Nous n'avons pas une minute à perdre... Le jour point... le flux monte...

— Allez de l'avant, si vous le voulez, moi je reste... je tiens à voir...

— La femmelette sensible !... Si c'est quelque naufragé qui achève de mourir, il n'en a plus pour longtemps à souffrir... Si cela te fait trop de peine, Le Fantec, soulage le malheureux ou la malheureuse... avec ton poignard... C'est propre et rapide... Au revoir ! On te laisse ton sac...

Le Fantec, guidé par les gémissements plaintifs, se glisse dans une partie du navire où les poutres et les planches entassées en un inexprimable chaos, ont sous leur poids écrasé nombre d'infortunés passagers de l'*Austria*. Il avance lentement, sa torche de résine en main, demandant de temps à autre :

— Qui appelle ?...

Mais sans obtenir de réponse... il s'arrête... Il n'entend plus rien... Se serait-il trompé ? Ses compagnons n'avaient-ils pas eu raison de lui dire que c'était la voix du vent pleurant à travers les débris du paquebot ?

Parfois il se baisse, tâte un corps étendu mais la main rouge de sang qu'il a posée sur le cœur du naufragé ne sent aucun battement... Que de cadavres ! Vraiment n'était-ce pas acheter bien cher (tant de vies humaines sacrifiées !) quelques poignées d'or ?... Et que fera-t-il, lui, le pêcheur habitué à la misère, de tant de richesses et où ira-t-il jouir du fruit de ses vols et de ses crimes ? Argent taché de sang porte malheur !

Que lui avaient donc fait ces hommes, Sidi ben Meckhnèz — dont la figure ni les manières ne lui revenaient guère, entre parenthèses — et cet autre oiseau de proie qui ne valait pas mieux que le premier ? Or le premier ne valait rien, donc le second était moins encore qu'un pas grand'chose ! Quel philtre lui avaient-ils fait boire, quel sort lui avaient-ils jeté pour que lui, Le Fantec, eût eu la tête tournée au point de renier tout son passé d'honnêteté et de s'affilier à cette bande de naufrageurs ? Lui, un marin, marin dans l'âme, s'être fait un assassin de marins, était-ce possible !... Ce ne sont pas des hommes ces deux monstres dont il est, faut-il dire, l'associé ?... non pas, la victime ! Ce sont deux suppôts de Satan, peut-être même deux incarnations du « Malin » qui veulent sa perdition, qui l'ont affolé jusqu'au crime !

Un nouvel appel... C'est de cet amas de poutres qu'il vient... Il n'y a pas à s'y tromper cette fois...

— J'y vais ! j'y vais ! courage ! crie Le Fantec, sans songer que celui qui implore son aide ignore sans doute le breton et même le mauvais français qu'écorche l'Ouessantin.

Il plante sa torche entre deux planches, et, sans souci des éclats de bois, des pointes qui s'enfoncent dans sa chair, il déblaie, arrache, tire, casse, car il a aperçu une tête pâle, si pâle qu'il en a frémi, une tête d'enfant aux longs cheveux, dont les grands yeux traduisent une indicible épouvante. Et le malheureux enfant gémit car sur sa faible poitrine pèse de tout son poids un cadavre dont les pieds sont engagés dans l'enchevêtrement des poutres.

Ah ! si Le Fantec avait sa hache ! Mais il n'a qu'un harpon, le harpon avec lequel il arrêta tant d'épaves que le courant emportait, tant de cadavres roulés par le flot !... Il s'en sert comme d'un levier, mais trop faible, le bois se brise net... La plainte devient plus pressante, plus angoissante... Comment arriver jusqu'au blessé ? Le brave Breton se met sur ses genoux et, rempant sous l'écrasant amas des madriers et des barres de fer, il soulève de son dos puissant le poids énorme, au risque d'être lui-même écrasé si ses forces le trahissent... Marchant sur ses mains et ses genoux, il parvient enfin auprès du pauvre enfant qu'une voûte en berceau formée par un miraculeux hasard au-dessus de sa tête, a protégé contre un écrasement fatal... Non sans peine il rejette de côté le cadavre qui oppresse sa poitrine, il soulève le petit corps ; c'est une fillette de six ou sept ans qui tourne vers lui ses grands yeux effarés et murmure :

— Mamma !... mamma !...

Puis, brisée de fatigue et d'émotion s'évanouit dans les bras mêmes de son sauveteur dont, à cet accent si touchant, à cet appel naïf et plein de foi, troublant dans les circonstances terribles où il sort de ces petites lèvres serrées par l'épouvante, le cœur dur mais non endurci par le crime, s'ouvre tout grand aux généreux sentiments, à la charité, au sacrifice...

Soudain, la torche que le naufrageur avait abandonnée jette une dernière lueur... Elle va mourir, et Le Fantec se trouvera muré dans un étroit tombeau avec la fillette pour laquelle il s'est dévoué avec une vaillance et une abnégation qui rachètent, en un seul instant, toutes ses fautes passées...

Mais non, au contraire, une lumière plus vive illumine les décombres amoncelés... La torche a mis le feu aux planches qui la supportaient, et déjà des langues de flammes terrifiantes sifflent et se tordent, propageant avec une incroyable rapidité, au milieu de matières éminemment combustibles, un incendie d'une violence inouïe... Une fumée âcre remplit les débris de l'entre-pont...

Le Fantec est atterré... Il ne peut, ayant dans ses bras son précieux fardeau, l'enfant évanouie mais dont le cœur bat encore, oh ! bien faiblement, songer à reprendre le chemin qu'il a suivi une première fois : les poutres sont retombées et forment une barrière infranchissable ; ce serait de plus aller au-devant des flammes... Que faire ? Partout les hérissements hostiles des madriers énormes barrent tout passage. N'a-t-il donc sauvé l'enfant d'une mort affreuse que pour la condamner à un supplice plus horrible encore ? Et voilà, qu'au milieu du crépitement des flammes la voix douce reprend :

— Mamma !... Mamma !...

Danse bretonne : *La Gavotte.*

A cet appel répond la voix rude et angoissée de Le Fantec qui de tous ses poumons, appelle lui aussi au secours! Peut-être quelqu'un des pilleurs d'épaves, dont tout à l'heure il a enjambé les corps pour venir en aide à la fillette, réveillé de son lourd sommeil d'ivrogne, accourra à ses cris...

On l'a entendu sans doute car des coups sourds lui répondent, on travaille pour le dégager... Qu'on se hâte avant que l'asphyxie n'ait fait son œuvre! Le Fantec tend l'oreille... Mais non! Ces bruits, il les reconnaît... Ce ne sont pas des bruits humains, c'est la mer qui monte et dont les vagues déferlent sur l'épave de l'*Austria*... Tant mieux! Il préfère, puisque tout salut lui est interdit, mourir par l'eau, que par le feu... Mais quelle atroce agonie pour l'enfant qu'il berce entre ses bras avec une adorable gaucherie et qui s'endort en souriant, sans que la mort si proche trouble son repos!...

Déjà de longs serpents d'eau se glissent dans la prison en flammes, et la lutte s'engage entre les deux éléments... Le feu résiste, hurle, siffle, l'eau bout, écume, mais inlassablement avance... Une vague plus forte pénètre dans l'entre-pont, d'autres, d'autres encore, la mer est victorieuse. Le Fantec a de l'eau jusqu'au ventre... Tout à coup un craquement effroyable jette l'épouvante en son cœur... C'est la fin, assurément... Des arrachements funèbres... L'*Austria* s'est coupé en deux!... Mais loin d'être la mort pour l'héroïque sauveteur et la petite fille qui se serre à son cou et l'étrangle, c'est le salut... En quelques bonds, au milieu de l'éclaboussement de l'eau qui monte toujours, il se trouve à l'air libre, sur le pont, sauvé, du moins pour quelques instants encore, car voici les vagues plus agressives, plus serrées, plus hautes qui assaillent ce qui reste de l'épave de l'*Austria* qu'elles ont hâte, semble-t-il, de déchiqueter entièrement et de disperser, comme les pages d'un livre, au gré des courants.

La pauvre enfant s'est réveillée et pousse des cris, maintenant que la blême clarté du jour naissant lui montre qu'elle n'est pas, ainsi qu'elle l'avait cru, dans les bras de sa mère, mais dans ceux d'une sorte de démon à la barbe hirsute dans laquelle se sont posées des flammèches que l'eau fait couler en longues traînées noirâtres...

— Mamma !... Mamma ! s'écrie-t-elle en rejetant en arrière sa tête et tout son corps raidi, pour échapper à cette étreinte.

— Aie pas peur, mignonne... Je ne veux pas te faire de mal !

Et le rude homme adoucit sa voix, la fait caressante, paternelle, autant qu'il est en lui, essayant, car il comprend enfin qu'il n'est pas compris, de suppléer aux paroles par des jeux de physionomie. Il y réussit sans doute, car la fillette lit tant de bonté dans les yeux qui la fixent avec un regard mouillé, un de ces regards de terre-neuve à la fois reconnaissant, fier et soumis, qu'elle cesse de crier et se pelotonne dans ces bras qui seuls la peuvent sauver de la mort qui la guette sous mille formes...

Le Fantec ne songe pas au sac renfermant les trésors volés sur les cadavres ou dans les malles du paquebot, ou plutôt il ne s'en souvient qu'avec un tel sentiment de honte que du pied, il fait rouler ce ballot infernal dans l'abîme... et avec lui cet horrible passé des mois derniers où Sidi ben Meckhnèz et Nicolasik le grisant d'espoirs merveilleux et de « gwin ardân » avaient fait de lui — âme faible en un corps d'hercule — un monstre, à leur image !

Ah ! si jamais il réussit à échapper aux hasardeux dangers qu'il va courir pour sauver la seule survivante de tant de victimes, par quelle vie de travail, d'abnégation, de renoncement à soi-même, il rachètera ses défaillances ! L'alcool l'a perdu, eh bien ! il en fait, ici même, devant la mer et la lumière de l'aube naissante, le grand, le solennel serment : plus jamais il n'approchera de ses lèvres un verre de l'infernale liqueur du Diable ! Jamais plus !... Jamais plus !...

Avec mille précautions gauches et touchantes, il a déposé son précieux fardeau assez haut pour que les embruns ne le viennent pas mouiller, puis il parcourt l'espace sans cesse plus petit, que lui laisse le flux toujours plus menaçant. Sans en être autrement ému, il voit ses complices d'hier, ceux qu'il rougit maintenant d'avoir connus et fréquentés, les naufrageurs, toujours plongés dans leur crapuleuse ivresse, emportés par les lames dans le gouffre sans fond. Il a bien essayé de secouer leur torpeur, de leur crier le danger qui les guette, mais il n'a obtenu pour toute réponse que des jurons, des malédictions, des grognements n'ayant rien d'humain. Il a mis quelques-uns de ces ivrognes debout, les accotant aux bastingages, car il a pitié d'eux, bien qu'ils ne méritent guère de commisération, mais leurs corps inertes n'ont pas tardé à faire le funèbre plongeon...

Le Fantec s'est glissé dans l'informe amas de débris qui reste émergeant de l'épave de l'*Austria*, mais la voie d'eau s'élargissant sans trêve, il ne trouve rien qui puisse lui servir d'embarcation, de radeau... Ses complices, Sidi ben Meckhnèz et Nicolasik, se sont mis en lieu sûr, eux et leurs trésors, et ont regagné leur repaire, le *Trou-de-l'Enfer*, avec la barque qui les amena, et lui, se trouve prisonnier sur cet étroit pont de planches qui lui-même ne tardera pas à disparaître sous les flots... Se mettre à l'abri de la marée en grimpant le long des parois abruptes entre lesquelles s'est encastré le paquebot, ce serait folie d'y songer. Ce sont deux murailles si hautes, si effroyablement perpendiculaires et si lisses qu'autant vaudrait essayer de se hisser avec ses seules mains au haut du phare *de la Jument* ou *de Camaret* (1). Véritable couloir d'enfer

(1) L'anse *de Camaret* à la pointe occidentale du trident de la presqu'île de Crozon et les côtes voisines sont la partie du littoral français où les naufrages sont le plus fréquents. A peu de distance se trouve la *pointe de Toulinguet* « la plus curieuse de toute la Bretagne. La parole s'épuise, écrit E. Souvestre, à raconter tant de sauvages merveilles, et l'on renonce malgré soi à les peindre Il faut avoir vu ces hauts caps de granit tapissés d'une rare bruyère, que parsèment de loin en loin quelques gazons marins et quelques roses pimprenelles ; ces vieux forts qui découpent sur le gris du ciel leurs murs jaunes, et où dorment couchés dans l'herbe, des canons sans affûts ; ces flots dont l'éternelle écume brode la robe bleue de la mer ; il faut

dans lequel les vagues roulent, tourbillonnent comme à l'entrée ou à la sortie d'une écluse!

Le brave sauveteur sent le vent de la peur, peut-être même la froide haleine de la mort passer, comme un frisson sur l'eau, à la racine de ses cheveux épars, car son bonnet de laine est quelque part accroché à un fragment de poutre ou ballotté par les flots... Comme un fauve en sa cage, il va, vient, cherchant une issue, creusant son fruste cerveau pour en tirer l'idée du salut qu'il poursuit, non pour lui, ah! sa pauvre existence il en fait bien peu de cas!... mais pour celle qu'il veut sauver, quoique cette héroïque tentative lui puisse coûter. La fillette tend vers lui ses bras, ses petits bras désespérés, et, en un idiome inconnu au pauvre Le Fantec, avec une musique si prenante dans la voix, elle le prie, elle le supplie de l'arracher à la mort. Ce n'est pas avec ses oreilles, c'est avec son cœur qu'il l'entend, qu'il la comprend.

Se jeter à l'eau avec l'enfant sur ses épaules, certes il y a bien pensé, mais c'est folie que d'escompter le succès d'une témérité pareille! Et voilà que le vertige le saisit... L'eau court si vite autour de lui qu'il s'imagine que son radeau marche, qu'il dérive, qu'il est sauvé... Tout glisse sur la lame immobile, l'épave, les rochers eux-mêmes qui s'en vont... qui s'en vont... Et il bat des mains, il rit, et l'enfant sourit aux manifestations exagérées de

avoir entendu pendant plusieurs heures, les gémissements tristes de la rafale sur les dunes, avoir été étourdi par les hurlements des vagues; il faut avoir éprouvé par soi-même quelles choses passent devant les yeux et étonnent les oreilles sur ces dernières limites du vieux monde, pour que des mots puissent rappeler quelques traits de cet inexprimable spectacle ». Au N.-E. de Camaret commence la presqu'île de *Roscanvel* que l'on a très justement appelée le Gibraltar de la France, comme le Goulet de Brest en est les Dardanelles. C'est une position stratégique d'une telle importance que les Espagnols s'y établirent en 1594 et y bâtirent un fort dont ils furent délogés après un siège meurtrier, par le maréchal d'Aumont. La pointe s'appelle encore *Pointe des Espagnols*.

Les Anglais tentèrent de s'en emparer, cent ans plus tard, mais Vauban, l'admirable ingénieur, avait pris toutes ses précautions. « Aussi, quand ils voulurent débarquer, le 16 juin 1694, dans la baie de Camaret, furent-ils repoussés par les troupes que commandait le marquis de Laugeron, troupes composées en grande partie, de milices gardes-côtes. Les vaisseaux anglais, commandés par l'amiral Berkley, s'éloignèrent en désordre, après avoir essuyé de grandes pertes, et le lieutenant général Talmash, commandant des troupes de débarquement, mourut de ses blessures peu de jours après sa rentrée en Angleterre. Une médaille, frappée par ordre du Roi, et le nom de *Maro or Saozon* (Mort aux Anglais) donné par les paysans bretons à la batterie du fond de la baie de Camaret, ont perpétué le souvenir de leur défaite. » (M. Levot.)

cette joie... Mais hélas! la désillusion vient vite. Non seulement il n'est pas sorti de la féroce tenaille du granit, mais encore son îlot de bois n'a plus que quelques pieds carrés... et, par-dessous de sourds et profonds craquements indiquent la lente mais sûre désagrégation de l'épave... Va-t-il devenir fou ?...

Soudain, il pousse un cri... Une barque vient à son secours!... Une barque?... Est-il possible qu'un frêle esquif se hasarde en ces parages aussi dangereux et par une mer, qui pour n'être plus une mer de tempête, n'en est pas moins encore fertile en périls?... Il se trompe... C'est un mirage!... C'est une hallucination née en son cerveau que guette la folie! Qui donc serait assez fou, si ce n'est un pilleur d'épaves, pour mettre le cap sur la roche sinistre?

C'est une barque en effet, mais chose étrange elle semble le jouet de la lame, elle monte et descend avec elle, s'avance pour se retirer et revenir ensuite... Le Fantec lui tend les bras, elle s'éloigne, et lui, la maudit!... Il l'interpelle, la supplie, l'injurie, lui tend le poing, lui crache sa colère... Eh! parbleu! c'est une embarcation sans rameurs, et un pâle rayon de soleil éclaire son nom : *Austria*. C'est une des embarcations du paquebot arrachée à ses porte-manteaux par l'ouragan, et qui revient vers lui, comme une fille auprès de sa mère, pour implorer son secours...

Le Fantec a vite pris son parti : il jette un coup d'œil chargé de tendresse à la petite orpheline et plonge brusquement dans la lame... Oh! l'horrible cri de frayeur de l'enfant!... Avec une force surhumaine, l'ex-bandit transformé en héros, nage vers l'esquif qui semble fuir devant lui, comme un cheval échappé, mais il la rejoint et saute sur sa croupe, et, saisissant les rames accrochées contre ses flancs intérieurs, il la force à obéir, il la dompte et, vaincue, l'amène auprès de l'îlot de planches...

Avec mille difficultés, puisant dans son grand cœur des forces surhumaines, Le Fantec réussit à aborder et à maintenir sa barque auprès du refuge, mais la coque de l'*Austria* pleine d'eau, sonore, avec ses parois craquant et gémissant, menace de s'effondrer dans l'abîme sombre, houleux et révolté. Si la catastrophe se produit avant qu'il ait pu s'éloigner, c'en est fait de lui et de la pauvre enfant... qu'il n'aura pu sauver. Les chocs des vagues deviennent de plus en plus sourds... En deux bonds, le marin a enlevé la fillette, et, tantôt nageant, tantôt marchant, il la dépose dans la barque et s'y hisse à la force du poignet...

Il était temps ! L'épave du paquebot s'abîme dans les flots... Ce fut un vertige de quelques secondes... La frêle embarcation roule comme une feuille morte dans un tourbillon, mais il n'était pas dit que le sublime dévouement de Le Fantec resterait vain... Un courant plus humain s'empare de la barque et l'emporte à une vitesse vertigineuse vers d'autres dangers, peut-être, mais loin du moins de cette tombe mouvante où roulent tant de cadavres !

*
* *

Sidi ben Meckhnèz et Nicolasik, riant de cet accès de sensibilité dont ils n'auraient point cru capable l'âme fruste de Le Fantec pour qui l'idéal semblait être une perpétuelle ivresse (qu'ils entretenaient avec soin d'ailleurs), avaient abandonné leur complice sans plus se soucier de lui que s'il n'existait pas, et la barque qui les portait, eux et leur fortune, les avait emportés vers leur repaire, le Trou-de-l'Enfer. Qu'il les y rejoignît, si cela lui faisait plaisir, ou qu'il fût victime de sa niaise sentimentalité que leur importait à eux ?

Leur unique préoccupation était de se mettre en sûreté, sans être aperçus de qui que ce fût, des pêcheurs profitant de l'accalmie suivant la nuit du terrible ouragan, et surtout des gardes-pêche, des surveillants toujours prêts à poser d'indiscrètes questions.

— Attention, Nicolasik ! Voici, là-bas, un cotre qui ne me dit rien de bon.

— Nous allons l'éviter, Sidi, tout comme un écueil.

— Contre lequel irait se briser notre fortune, inch' Allah !

— N'aie crainte, Sidi, s'il veut nous donner la chasse, nous sommes de taille à le manger en deux temps et trois mouvements... Pare à virer !...

— Par la barbe du prophète, je ne peux pas souquer plus fort sur les avirons !...

C'était le bateau du service des Ponts et Chaussées emmenant, au milieu des récifs aux formes étranges et menaçantes d'animaux antédiluviens formidables et énigmatiques dans leur impassibilité farouche, des équipes d'ouvriers chargés de réparer les dommages causés par la tempête... Il ne s'agit pas, en effet, de se croiser les bras, de se livrer devant les blocs disjoints aux platoniques lamentations d'un Marius sur la désolation de Carthage. Trop de destinées sont à la merci d'une balise qui s'écroule ou d'un fanal qui s'éteint. Coûte que coûte, il faut rétablir les signaux disparus, relever les bornes indicatrices jetées à bas, rendre aux routes atlantiques la lumière et la sécurité...

Ici, c'est une digue rompue ; là, une cale emportée à vau-l'eau ; ailleurs, des môles éventrés, au lieu de former abri, se changent en une traînée d'écueils artificiels... Des phares ont été éborgnés, sinon aveuglés tout à fait ; des bouées ont été arrachées ; les mâts de fer, destinés à signaler les roches sournoises qui jamais ne se découvrent, ont été faussés, tordus, comme par des poings de géants. Quant aux tourelles élevées sur les « plates » c'est à peine s'il en reste trace... C'est un véritable champ de ruines qui, mieux que n'importe quel spectacle, montre la fragilité des œuvres de l'homme et l'effrayante vertu des puissances destructrices de la mer... »

— Ohé ! du canot !... Arrêtez !...

— Parle toujours, mon bonhomme, si tu crois que nous t'écoutons, tu te trompes... d'éléphant avec défense... d'y voir ! s'exclame avec un gros rire Nicolasik qui est très fier de ce gros sel... la seule chose qu'il ait retenue de son service sur le *Duguay-Trouin*...

— Tu plaisantes toujours, Nicolasik !... L'heure est grave !...

— Monsieur le Fantôme Blanc a peur... lui qui inspirait une telle épouvante aux braves Ouessantines... Allons es-tu rassuré, poule mouillée? Tu vois bien que tu ne vois plus le cotre... quand je te dis qu'ils n'arrivent pas à la semelle de mes sabots... de saboteur !...

— C'est vrai, Nicolasik, tu es plus malin que le Malin lui-même !

— Ce n'est pas pour rien que je suis un « *diable* » de l'île de Sein... et du Trou-de-l'Enfer, dont nous approchons, l'Arbicot !... Allah y Allah !... Comment dis-tu cela en ton baragouin?...

— Par la tête du Saint-Prophète ne ris pas des choses sérieuses !

— Par les cornes du Diable, je ravale ma langue... mais je garde ma chique !... J'aime le danger, moi : j'ai ça dans le sang, de mes aïeux sans doute, et n'ai pas de volupté plus grande que de me mesurer avec les éléments de la nature... ou avec les hommes... Hardi, là !... Mais toi aussi tu es brave, mon vieux Sidi Boufftoucru... tu es très brave...

— Tu es bien aimable de le reconnaître !...

— Tu ne m'as pas laissé le temps de terminer ma phrase... tu es brave... quand tu as devant toi des commères comme les bonnes femmes de l'île de l'Épouvante que tu épouvantais !... J'en ris encore quand j'y pense... j'en rigole comme une baleine qui se cache à l'eau en faisant le dos fin... Ho ! ho ! ho !

— Loustic ! Farceur ! Mauvais plaisant !...

— Ça ne se serait pas passé comme ça si tu avais eu affaire avec les Grésillonnes !... de l'île de Groix... (1)

(1) L'île de *Groix* est à une quinzaine de kilomètres du littoral du Morbihan dont elle est séparée par un bras de mer appelé *Le Coureau*. Son nom breton *Enez-er-Hroeck* signifie l'île des Sorcières, enten-

— Les Gré... les Grési... quoi... connais pas !

— Parbleu, mon vieux pirate du désert... océanique, c'est pas une île comme il y en a dans ta mer de sable du Sahara... c'est une île bretonne que Groix, je te *grois* de bois !... Constate, l'ami, qu'il n'y a rien de tel qu'un beau naufrage pour donner de l'esprit.

— A ceux qui ont seulement l'esprit... des autres.

— Quand on leur prend leur or, pourquoi ne leur volerait-on pas aussi leur esprit, Sidi Bouffi ? J'ai le temps encore de te conter la bravoure des Grésillonnes... avant que nous abordions.

— Tu en... grésilles d'envie !

— Pas mal pour un Touareg de la mer ! Ça se passait, dam ! dans des temps éloignés, et je n'étais pas né à ce moment-là... qui était le bon temps... pour les naufrageurs ! La flotte anglaise croisait dans les parages de Belle-Ile et de Groix... L'amiral qui n'était pas la moitié d'une bête, laisse partir les embarcations des pêcheurs Grésillons et se dit : « C'est l'instant ou jamais de m'emparer de cette belle île de Groix ! Il n'y a plus que les femmes et les enfants... Bonne affaire ! »

— Comme au jour que tu débarquas à Lampaul d'Ouessant ?

— Tout juste, Auguste !. Tu juges un peu de la frayeur des Grésillonnes quand elles aperçoivent les vaisseaux de haut-bord des angliches qui s'avancent en ligne avec leurs étages de canons braqués sur l'île ! Leur premier cri est « *Maro ar Saozon* » ! Mort aux Anglais !

— Et leur second : « Sauvons-nous ! »

dons par là, des Druidesses : on y trouve en effet nombre de monuments mégalithiques. La côte est rocheuse, d'un accès très difficile, et cependant tous les Grésillons sont des pêcheurs. Tous les ans, le 24 juin, sur la côte morbihannaise toutes les cloches carillonnent joyeusement pour la bénédiction du Coureau que le recteur de Groix célèbre en barque, au milieu du chenal qui tend aux navigateurs presque autant de pièges que le Fromveur ou le Raz. Tous les « laboureurs de vagues » sont là, dans leurs bateaux, et de leurs voix rudes, âpres, inégales, chantent les cantiques. *Belle-Ile* est beaucoup plus grande (48 km. de circonférence) fut longtemps une proie qui tenta les ennemis de la France, obligés plus d'une fois de se retirer avec pertes sensibles. Ce fut la propriété du fastueux surintendant Fouquet disgracié par Louis XIV. Alexandre Dumas y a placé quelques épisodes des *Trois Mousquetaires* et c'est dans les grottes de *Locmaria* que Porthos trouve une mort tragique. Groix vient du celtique *Groac'h* : la fée.

— Tu l'as dit, plein d'esprit ! Pleurant, criant, gesticulant, elles courent à l'église et y trouvent leur « recteur » très calme. « Les Saozon ! les Saozon ! » crient-elles. — « Eh bien, quoi ! les Saozon — sont-ils ici ? — Non, mais ils sont là ! — Nous avons bien le temps de nous désoler... Commençons par prier le Dieu des Batailles de donner la victoire, à ceux qui le méritent, aux Bretons... naturellement ! »

Ceci fait, le brave « recteur » qui était un rude gars, allez, s'adresse aux Grésillonnes et, tranquillement, leur fait son boniment :

— Rentrez chez vous immédiatement et revenez au plus tôt avec vos *ribots*, vos barattes à beurre...

— Nos ribots ? et les bonnes femmes se regardent, se demandant si l'arrivée de la flotte anglaise n'a pas un peu brouillé le cerveau de leur pasteur.

— Puisque je vous le dis : c'est nécessaire pour repousser les Anglais ? La surprise devient de la stupeur... Va-t-il leur commander maintenant de mettre leurs barattes sur la tête en guise de casques de guerre ?

Et le curé de continuer imperturbablement :

— Que celles qui le peuvent s'habillent avec les vêtements de leurs hommes, prennent les larges braies et que toutes cachent leur blanche coiffe. Prenez-moi chapeau ou suroît, et mettez-moi du goémon en forme de perruque.

— Notre pauvre recteur est devenu complètement... elles n'osent pas dire « fou » car c'est un mot qu'on doit se garder de prononcer en Bretagne de même que « devil » ou « diable » en anglais... mais elles le pensent. Néanmoins elles obéissent.

Bien qu'elles n'en eussent pas envie, elles éclatent de rire en se voyant déguisées de la sorte : quel carnaval ! De plus en plus grave et impérieux, le curé leur commande d'aller occuper tous les points culminants de l'île : le Moustéro, le menhir de Quelhuit, les dolmens de Saint-Tudy, sur la côte Nord, la Croix sur la côte Est, le Kervédan au Sud, etc., etc... Arrivées là, elles tourneront vers la mer la bouche noire de leurs *ribots* et le penn-baz sur l'épaule, comme des soldats montant la garde, elles attendront... ce qui se produira.

— Ce qui doit arriver arrive à l'heure dite, murmure le fataliste Sidi ben Meckhnèz.

— Eh ! sais-tu ce qui arriva ? c'est que l'amiral anglais qui promenait sa longue lunette sur toutes les côtes de l'île, cherchant un point favorable au débarquement, tomba de son haut en apercevant toutes ces bouches de canons prêtes à saluer ses navires et tous ces défenseurs aux longs cheveux qui semblaient n'attendre qu'un signe pour pulvériser sa flotte ! Brrr ! se dit-il, qui s'y frotte s'y pique... Je ne m'y frotterai pas, et, très bravement, il donna l'ordre à sa flotte de s'éloigner au plus vite. Et depuis ce temps-là, jamais les Anglais n'ont osé revenir à Groix !...

— C'est fort intéressant, Nicolasik, mais veille au grain, pilote, si tu ne veux pas que notre barque ait le sort de l'*Austria* !...

— Bon pour les autres, Sidi !... Ne crains rien... A défaut de l'intérêt que je te porte, il est un autre intérêt, l'intérêt de mes intérêts, qui me pousse à ne pas faire arriver de malheur. La mer s'est d'ailleurs assez engraissée cette nuit, que ferait-elle de nos deux carcasses ?

La barque louvoyait avec une admirable précision entre des roches monstrueuses où tout autre que Nicolasik eût eu froid aux moelles de s'aventurer... Des vols de mouettes, de gottes et de goélands tournoyaient au-dessus de leurs têtes avec des cris rauques, surpris d'être dérangés dans ces parages qu'ils pouvaient considérer comme « leurs »... Et, non loin de là, splendide et formidable s'offrait à leurs yeux la vision du roc où s'ouvrait sinistre l'œil du *Toul-an-Ifern*, du Trou-de-l'Enfer, à quelque quatre-vingts pieds au-dessus de la bande étroite de galets que découvre le reflux.

— Tout va bien. La mer est basse : nous allons pouvoir rentrer au nid.

Si la mer eût été haute, le ressac furieux aurait infailliblement broyé la barque et ses marins contre l'abrupte paroi... Sur l'ordre du pilote qui amenait la voile, Sidi ben Meckhnèz jeta le grappin qui s'enfonça sans trop de peine en ce fond de graviers et de quartiers de rocs...

— Hop ! Nous y voici quand même... Tu peux voir, Sidi, que personne ne nous a suivis... S'il prenait à quelqu'un, autre qu'à Le Fantec, envie de venir nous épier en notre domaine, quelle fusillade, ô mes amis, et comme les crabes nous remercieraient de l'excellent repas que nous leur offririons !

— Aide-moi donc, fainéant. Ces sacs sont lourds comme le diable. Et dire qu'ils ne contiennent que des pierres précieuses et de l'or, « zuze un peu, mon bon ! » comme disent vos Marseillais... de Marseille...

— T'en plains-tu, Touareg de l'Océan ?

Nicolasik, déblayant hâtivement un amas de galets, mit à jour une ouverture très basse que la marée avait obstruée avec du sable, et rampant à plat ventre il disparut dans le rocher... Battant le briquet, il alluma une torche de résine attachée à un crochet de fer scellé en la paroi de granit, et la lueur fuligineuse éclaira les traînées de quartz rouge coulant dans les roches dures et l'on eût dit des ruisseaux de sang descendant de la voûte... Des pierres précieuses aussi ruisselaient le long des parois et l'on eût dit un palais de songe...

La contemplation de ces féeriques splendeurs ne retarda guère le forban qui, leste comme un singe, utilisant les saillies du roc, s'engouffra dans une sorte de cheminée avec le plus parfait dédain pour le péril réel qu'offrait pareille ascension. Et bientôt il déboucha dans la caverne supérieure prenant jour par le *Trou-de-l'Enfer* sur le ciel bleu et la mer verte.

Sidi ben Mecklnèz resté sur la grève attend qu'un long câble descende au crochet duquel un sac, le sac aux richesses, fixé solidement ne tarde pas à remonter, attiré, semble-t-il, par un aimant — la convoitise de Nicolasik. — Au second, maintenant! Oh! hisse!... On voit bien que le naufrageur breton se connaît au maniement des poulies, moufles et palans... La barque maintenant, la barque elle-même se balance au bout du filin : vaguement, de la fenêtre de granit s'échappe le grincement du cabestan installé là-haut dans la caverne du *Trou-de-l'Enfer*.

C'est fini... L'Arabe à son tour s'insinue dans la brèche que soigneusement, de l'intérieur, il rebouche avec des pierres et du sable... Qui donc, maintenant viendrait les déranger quand ils compteront leurs richesses? Le Fantec?... Il est seul à connaître la mystérieuse ouverture, et il connaît le signal... Et, ma foi, s'il ne revient pas, c'est qu'il l'aura bien voulu, l'imbécile! Naufrageurs, vous pouvez être tranquilles, votre complice ne vous réclamera pas une part de votre butin!...

CHAPITRE IV

Ossuaire de Trégastel. Chapelle de Saint-Kinec.

Le phare de Ploumanach.

IV

Vers douloureux. — Visions d'épouvante. — La Fête des Morts : coutumes païennes, poétiques et touchantes. — *The memorial day*. — Une ville engloutie sous les flots. — Cimetière mouvant qui s'entr'ouvre. — La couronne funéraire. — Un revenant assis au foyer. — Un corps sans âme. — Quelle est cette énigme ?

Aucun poète n'a trouvé dans son imagination, ou mieux dans son cœur, pour peindre l'horreur de la mort des marins dévorés par ces monstrueuses bêtes blanches que sont les vagues se ruant à des besognes d'épouvante, d'accents plus poignants que Victor Hugo. Qui ne se souvient de ces strophes sublimes de simplicité et d'émotion :

> Oh ! combien de marins, combien de capitaines
> Qui sont partis joyeux pour des courses lointaines,
> Dans ce morne horizon se sont évanouis !
> Combien ont disparu (dure et triste fortune !)
> Dans une mer sans fond, par une nuit sans lune,
> Sous l'aveugle océan à jamais enfouis !
>
> Combien de patrons morts avec leurs équipages !
> L'ouragan de leur vie a pris toutes les pages,

Et d'un souffle il a tout dispersé sur les flots !
Nul ne saura leur fin dans l'abîme plongée.
Chaque vague en passant d'un butin s'est chargée;
L'une a saisi l'esquif, l'autre les matelots!

Nul ne sait notre sort, pauvres têtes perdues!
Vous roulez à travers les sombres étendues,
Heurtant de vos fronts morts des écueils inconnus.
Oh! que de vieux parents, qui n'avaient plus qu'un rêve,
Sont morts en attendant tous les jours sur la grève
Ceux qui ne sont pas revenus!...

Où sont-ils, les marins sombrés dans les nuits noires?
O flots, que vous savez de lugubres histoires!
Flots profonds redoutés des mères à genoux!
Vous vous les racontez en montant les marées,
Et c'est ce qui vous fait ces voix désespérées
Que vous avez le soir quand vous montez vers nous! (1)

Comme ces vers douloureux peuvent s'appliquer aux naufragés de l'*Austria* engloutis dans cette nuit noire de la fin d'octobre par les flots furieux du Passage de la Grand-Peur! « Nul ne saura leur fin dans l'abîme plongée », nul n'aura de détails sur leur agonie, ni sur le crime monstrueux qui la provoqua. Aucun témoin! Aucun... pas même un de ces gardiens de phare, ces modestes héros, condamnés volontaires entretenant le feu sacré qui lutte contre la puissance et la traîtrise des ténèbres, sans être toujours vainqueur, hélas!...

Et cependant, ainsi que le disait l'un d'eux, comme on est, dans un phare, aux premières places pour assister aux représentations à grand orchestre des drames de la mer. Et quels drames! « Ah! j'en ai contemplé de toutes les sortes, raconte le gardien du phare des *Sept-Iles* (2), je vous promets... Tenez, pas plus tard qu'avant-

(1) Les Rayons et les Ombres: *Oceano nox* (La nuit sur l'Océan).

(2) Les *Sept-Iles* sont, comme les Cyclades dans la mer de l'Archipel, un groupe d'îles situées au Nord de la rade de Lannion dans les Côtes-du-Nord : Ile Plate, du Cerf, île aux Moines, etc. *Lannion* est une

hier, une goélette s'est perdue sous mes yeux ; elle courait vent arrière et s'est empalée sur un récif à fleur d'eau. Pendant une longue heure les hommes se sont appelés les uns les autres, désespérément. Une voix d'enfant surtout, la voix du mousse, je pense, s'égosillait à fendre l'âme. Mais, brusquement, une rafale a passé, et tout s'est tû... »

Pour l'*Austria* et ses centaines de victimes, les phares aux yeux verts de mauvaise fée comme celui de la Vieille, la sorcière de la Pointe-du-Raz, ou aux rouges prunelles comme celui des Pierres Noires, la tour gigantesque du Créac'h à l'extrême pointe de l'île de l'Épouvante, n'ont été que les cierges suprêmes allumés autour du somptueux catafalque que la mer sauvage a offert à ceux dont elle s'est engraissée...

Quelques jours se sont passés... On est sans nouvelles de l'*Austria* et l'inquiétude commence à devenir de l'angoisse... De tous les côtés, au-dessus des mers, crépitent les longues étincelles de la télégraphie sans fil : aucun paquebot n'a rencontré l'*Austria*... La mer a bien rejeté sur les grèves du littoral armoricain quelques cadavres aux yeux vitreux et aux faces rongées, mais c'est un fait divers si fréquent que l'on se blase même sur ces sinistres trouvailles... Rien n'indique qu'ils proviennent de l'*Austria*.

N'y a-t-il pas une chapelle sur la pointe du Van, en face du Raz

des sous-préfectures des Côtes-du-Nord avec *Dinan*, *Guingamp* et *Loudéac*, gros village plutôt que ville· Lannion fut autrefois une place forte. En 1346 elle fut assiégée par les Anglais, qui, grâce à la complicité de deux traîtres de la garnison, entrèrent par une poterne, un dimanche, à l'aube. Réveillé par le bruit, Geoffroy de Pontblanc, un brave chevalier, saisit sa lance et son épée et pourfend vaillamment les Anglais. Mais un archer lui décoche une flèche au genou, Geoffroy tombe et les Anglais, au comble de l'exaspération, arrachent les dents de ce héros qui a tué tant de leurs plus braves compagnons et finissent par l'achever. Une croix érigée par les Lannionnais à la mémoire de Geoffroy de Pontblanc rappelle sa mort héroïque. Actuellement Lannion est exclusivement une ville maritime, sur le Guer. A quelque 15 kilomètres de Lannion, le havre de *Ploumanac'h*, fréquenté par les pêcheurs est dominé par le village du même nom, bâti presque dans la mer au milieu de rochers des plus pittoresques. Sur un de ces rochers qu'entoure la mer montante s'élève un petit sanctuaire soutenu par quatre colonnes romanes, consacré à saint Quirec qui, d'après la tradition, y aborda, au VIe siècle, en arrivant de la Grande-Bretagne. Voici un fait que nous ne croyons pas devoir passer sous silence et qui montre bien la persistance de l'esprit de superstition chez les Bretons... et les Bretonnes. La statue en bois de saint Quirec est transformée en véritable pelote à épingles, chaque jeune fille désirant se marier dans l'année étant tenue de piquer une épingle dans le corps de l'infortuné saint !

de Sein, dans un pays sans habitants... vivants, mais que fréquentent les morts que de toutes parts y amènent les monstrueux courants? Et si cette côte farouche n'est qu'un vaste cimetière, c'est qu'entre la pointe du Van et la pointe du Raz s'ouvre tragiquement la *baie des Trépassés.*

Au bout de la côte bretonne,
Sous le roc dur comme un couteau,
Chaque fois que le vent qui tonne
Brise un bateau,

Chaque fois que le flot balaie
Un mourant aux bras fracassés,
Tu reçois son cadavre, ô baie
Des Trépassés! (1)

Une remarque cependant a été faite, c'est que ces morts semblent avoir été dépouillés de leurs bijoux par des mains criminelles, à moins que ce ne soit la mer elle-même qui les ait mutilés de la sorte pour leur ravir leurs trésors. Comme il n'a été possible d'identifier aucun de ces cadavres, on n'ose en conclure qu'ils proviennent du naufrage du superbe paquebot, l'*Austria*, venu après tant d'autres, telle la *Guyenne*, se prendre comme une mouche dans les toiles d'araignées sinistres tendues par la mer traîtresse complice des Naufrageurs...

*
* *

Premier novembre!... La Fête des Morts!... C'était jadis, au temps des Druides, la fête du dieu des Morts, du farouche Teutatès le conducteur des âmes, et l'Armorique est une des contrées où le culte druidique s'est maintenu le plus longtemps, et, pourrait-on ajouter, où il s'est perpétué jusqu'à nos jours, en se couchant à peine sous un vernis de catholicisme.

(1) Ch. Fuster: *Bretagne. Heures vécues.*

Lorsque le christianisme fut introduit en Gaule, vers le IIe siècle, il trouva beaucoup plus d'adeptes chez les Gallo-Romains des villes que chez les paysans (1) qui, réfractaires aux idées nouvelles continuèrent de vénérer les sources, les buissons, les forêts. « Les premiers missionnaires ne pouvant détruire les habitudes de respect du peuple pour les anciens monuments de sa religion, cherchèrent à *déguiser l'idolâtrie* par des traditions qui rattachaient ces monuments à la théogonie chrétienne. Il en est résulté un mélange de superstitions antiques et nouvelles, singulièrement curieux à observer. En Bretagne, les Éléments sont encore un objet de culte pour la plupart des paysans.

Le gui, qui était, comme on le sait, la plante sacrée des druides, a des pouvoirs particuliers : il préserve de la fièvre, donne des forces pour la lutte et guérit certaines maladies des animaux ; les Bretons l'appellent *lougou ar groas,* l'herbe de la croix, nom qui lui fut sans doute donné par les prêtres afin de sanctifier, par un nom chrétien, la plante idolâtrée.

Le culte des astres a laissé moins de vestiges, mais on en trouve pourtant encore des traces. Ainsi, il est peu de paysans bretons qui ne fassent le signe de la croix quand ils voient la première étoile monter dans le ciel. Les feux de Saint-Jean (24 juin) ne sont d'ailleurs autre chose que les feux qui s'allumaient autrefois aux fêtes du soleil ; on a seulement détourné la signification de l'usage en lui donnant le patronage d'un saint. La fête est restée, mais en perdant de sa signification primitive. Le feu allumé jadis en l'honneur du dieu Soleil a été placé sous l'invocation d'un saint fêté par l'église à la même époque, et la nouvelle religion a ainsi confisqué à son profit les cérémonies de l'ancien culte.

(1) C'est du mot latin *paganus* (paysan) que sont venus les mots *païen* et *paganisme* (religion des paysans). Les noms des jours de notre semaine sont encore des noms empruntés au paganisme : *Lundi*, jour de la lune ; *mardi*, jour de Mars ; *mercredi*, jour de Mercure ; *jeudi*, de Jupiter ; *vendredi*, de Vénus ; *samedi*, de Saturne. Le seul jour qui porte un nom chrétien est le *dimanche* (dies dominica : le jour du Seigneur). Les noms des mois *Janvier* (Janus), *Février* (Februa), *Mars* (Mars), *Mai* (Maïa), etc., sont également empruntés au paganisme.

Cependant, en rendant chrétienne la cérémonie par la substitution du patron que l'on honorait, on ne la dégagea pas de tous ses accessoires païens. Ainsi la danse en rond qui s'exécutait autour des flammes consacrées au soleil, et qui avait pour but de représenter grossièrement la course circulaire des astres, fut continuée autour des feux de Saint-Jean, bien qu'elle n'eût plus aucun sens. On ne cessa même pas de conduire les animaux près des bûchers et de les faire sauter par-dessus les brasiers enflammés, bien que cette cérémonie de purification ne fût plus en rapport avec la fête d'un saint chrétien...

On peut citer également la fontaine de Bodilis dont les jeunes filles consultent les eaux pour savoir si elles se marieront dans l'année ; la fontaine de Saint-Laurent, près du Pontou, qui a la propriété de prévenir les douleurs et les rhumatismes ; celle de Saint-Jean-du-Doigt, qui guérit les maux d'yeux et mille autres dont il serait trop long de donner les noms : car il n'est presque aucune fontaine antique qui n'ait une vertu spéciale...

Reste des superstitions des Gaulois qui adoraient les eaux, les montagnes, les forêts et les peuplaient d'esprits, de génies, de tout un peuple de fées, de Korrigans et de Korriganes, petits nains à l'esprit pénétrant, à la volonté puissante, qui ont dressé les menhirs et apporté dans leurs tabliers les pierres énormes des dolmens, des alignements et des cromlechs.

Vieilles traditions souvent très poétiques et fort intéressantes, transformant les choses de la nature en déités et les pierres improprement appelées « druidiques » (1) en objets d'adoration ou d'épouvante que les prêtres ont, à dessein, transformées en légendes pieuses, pour les « sanctifier » en leur enlevant leur caractère d'idolâtrie, ou plutôt en substituant une idolâtrie à une autre.

(1) Dans le IIe livre de cette collection, *Le Secret de la Brèche-au-Diable*, consacré à la Normandie, nous avons parlé des monuments mégalithiques et indiqué pourquoi on les nomme tout à fait à tort *druidiques*, parce que les Druides les ont utilisés pour leurs sacrifices.

Tels menhirs sont des cailloux que la Vierge apporta dans son tablier ; tels autres, des souvenirs que plantèrent des saints en commémoration de leur passage ; ceux-là, sont des pierres que lança le diable dans un accès de colère ; ceux-ci, des impies condamnés à une éternelle pétrification pour avoir insulté quelque saint ou quelque sainte ; en voici encore qui furent les piliers auxquels des ermites attachèrent autrefois, à sa grande confusion, le Prince des Enfers, Belzébuth, Satan, Lucifer, le Roi des Ténèbres, le « Malin » qui s'est laissé duper avec une naïveté déconcertante.

De même, la fête chrétienne de la Toussaint, la fête des Morts, s'est substituée à la fête du sombre conducteur des âmes, Teutatès. Mais quel pittoresque, quelle émouvante poésie, quelle piété naïvement sincère, bien qu'exprimée parfois sous une forme peu orthodoxe, dans ces cérémonies qui se déroulent dans toutes les régions voisines de la mer, dans un cadre grandiose, devant l'immense horizon du ciel et des flots !

Les Bretons pourraient-ils ne pas vouer à l'*Ar Mor* à la mer, la Grande Mer, ce magnifique champ d'action où s'exalte plus superbement l'énergie de leur race un véritable culte de piété et de reconnaissance ? Ne faut-il pas se concilier les faveurs, conjurer les caprices, calmer les colères traîtresses et si effroyablement tragiques de cette mystérieuse Puissance ? Et c'est ainsi que la religion de la mer a pour corollaire le culte des morts, des disparus : où trouver sur le globe, excepté dans les entrailles de la terre sombre dévoreuses d'hommes elles aussi, cimetière plus vaste, plus sinistrement peuplé ?

Cimetière où l'on ne trouve ni orgueilleux mausolées, ni prétentieuses inscriptions funéraires, ni impudent étalage de vanité posthume, ni même l'humble croix de bois noirci sur lequel coulent les lettres blanches lavées par la pluie, mais cimetière émouvant d'horreur et de tendresse où les « veuves de la mer » vont à certaines époques de l'année jeter des pleurs et des fleurs, pendant que versent des larmes les nuées du ciel et que gémissent les vents d'automne.

Non, non, n'en déplaise au poète, il n'est pas vrai que :

« Bientôt des yeux de tous leur ombre est disparue »

non, l'ombre des naufragés habite toujours dans la mémoire des survivants. Les âmes des morts ont droit à un culte : honorées, elles deviendront de bons génies, négligées, elles seront des génies malfaisants errant sur la terre et tourmentant les vivants, jusqu'à ce que leurs corps aient obtenu la sépulture ou le simulacre de l'ensevelissement, si celui-ci est impossible, témoin le *proella*.

Idée vieille comme le monde et que nous retrouvons dans toutes les religions antiques, chez les Egyptiens, les Assyriens, les Perses, les Grecs et les Romains. Crainte superstitieuse assurément, mais qui n'en est pas moins l'origine de l'une des formes les plus touchantes de la piété humaine, le culte des morts, sentiment complexe et mystérieux où se mêlent, suivant que les esprits sont plus ou moins éclairés, plus ou moins enténébrés, tantôt de la crainte, tantôt de l'amour.

« Quoi de plus délicat, par exemple, que la coutume récemment instituée en Amérique pour rendre hommage aux marins sombrés au large, victimes de leur dévouement ? Par un lumineux jour de mai, dans tous les grands ports du Nouveau Monde, à San-Francisco, à Santa-Cruz, à San-Diégo, à Boston, à Portland, à Baltimore — et j'en passe — des processions immenses s'organisent dans les rues de la ville ; musique en tête et drapeaux déployés, elles se dirigent vers les quais. A l'extrémité de la digue la plus avancée dans les flots s'élève, au milieu d'un parterre de cyprès, un monument consacré aux héros que l'on va fêter. La foule se groupe en silence aux abords de cette pierre commémorative. Les tambours battent. Puis, dans le recueillement infini qui plane, le pasteur salue les morts dont il énumère tout haut les noms.

Le Port de Douarnenez et l'île Tristan.

Une embarcation, cependant, est venue se ranger au pied du môle : une troupe d'enfants y descend : ils portent des couronnes, des ancres, des boucliers de fleurs tressées. Les amarres sont larguées : le bateau s'éloigne. A quelques encablures au large, il stoppe ; les enfants entonnent un chœur que, sur la jetée, la foule reprend ; après quoi ils laissent tomber dans la mer leurs offrandes fleuries, et l'on peut voir longtemps, sur les vagues d'or du Pacifique, en l'honneur des morts qu'elles recouvrent, flotter les roses, les œillets et les dahlias effeuillés de ce printemps marin.

Tel est, aux Etats-Unis la fête du « *Memorial Day* » (Le jour du Souvenir). »

En Bretagne, les choses se passent plus simplement, moins poétiquement peut-être, si l'on croit que la poésie soit intimement liée à la lumière (1), mais la signification des rites que l'on y accomplit, au premier jour du *mois noir* de novembre, n'en est pas moins profondément émouvante...

Les cloches sonnent le glas funèbre dont les sons assourdis par les lambeaux de brume qui flottent dans l'air, paraissent plus lugubres encore : les fidèles, hommes et femmes qui sortent de l'église de Douarnenez où ils ont pieusement, en pensant à leurs morts, écouté les vêpres des défunts, se demandent même si c'est bien la cloche de bronze qui sonne. Ne serait-ce pas plutôt les

(1) Le climat de la Bretagne est le type du *climat océanique* avec hivers doux, étés tièdes, vents d'Ouest, brouillards fréquents et pluies hivernales. Dans toute la Bretagne il pleut un jour sur deux et la précipitation est partout très forte (Saint-Nazaire : 0 m, 66 ; Saint-Servan : 0 m. 82 ; Châteaulin : 1 m. 05. Moyenne pour la France : 0 m. 65). « La pluie bretonne, lente, tiède, fine, intarissable, patiente !... Elle a dû couler toujours sur le même rythme, inspirer à beaucoup les mêmes méditations rassurantes... *Elle était de connivence avec les naufrageurs*... c'est en écoutant cette pluie que les femmes des champs filaient la rançon de messire Duguesclin, le connétable ; et c'est aussi dans ce brouillard humide et mouvant que les Chouans ont douloureusement erré, tandis que cette pluie, sûre des lendemains, s'apprêtait à humecter les fronts des Bretons qui se croient différents de leurs aïeux, mais qui leur ressemblent comme les gouttes d'aujourd'hui ressemblent à celles d'il y a cent dix ans » (Ch. Fuster). C'est l'humidité constante autant que la nature du sol qui donnent à la Bretagne ses deux formations caractéristiques, *la forêt* et *la lande*. La Bretagne est en effet le pays des bois l'*Ar Goat* qui s'oppose à l'*Ar Mor* ; mais la violence corrosive des vents d'Ouest et leurs émanations marines, empêchent toute végétation arborescente jusqu'à 5 et 10 kilomètres du littoral. Les arbres fruitiers réussissent mal, sauf le pommier à cidre ; par contre que de bruyères, d'ajoncs épineux, de genêts ! Et que de landes !

tintements voilés de quelque cloche sous-marine, sonnant elle aussi dans les profondeurs tristes de l'Océan l'hymne des morts ?

N'est-ce pas dans ces parages que parfois on entend sous la mer les sonneries lointaines de la ville d'Is, d'Is la Superbe qui dort sous les flots et jamais ne se réveillera ? « Lorsque les eaux de l'Océan sont basses et limpides, quand le vent apaisé permet à la barque du pêcheur de glisser doucement ou de rester immobile comme un point dans l'immensité, parfois le marin breton de la baie de Douarnenez (1) se penche sur son bord et regarde attentivement au-dessous de lui ; ses yeux fixes s'attachent avec une sorte d'admiration craintive sur des ruines qu'il croit apercevoir... »

Cette ville enfouie dont la légende a inspiré tant d'auteurs, exista réellement : quelle fut sa situation, quelle son étendue et quelle la cause de sa ruine, autant de questions auxquelles l'histoire ne peut répondre « mais la tradition populaire nous apprend que c'était une grande cité enrichie par le commerce, embellie par les arts, et si importante que l'on crut honorer la vieille Lutèce en l'appelant *Par-Is*, c'est-à-dire l'égale de la ville bretonne... »

Lentes, les yeux fixés sur cet inconnu que ne voient que les regards intérieurs, graves, toutes les femmes, à travers les ruelles étroites du bourg, sentant le poisson et l'âcre saumure, descendent vers le port où les attendent les hommes, matelots et patrons, dont le visage est plus mélancolique encore qu'à l'ordinaire.

La brise ne fait pas claquer joyeusement les ailes des coiffes blanches ; toutes sont encapuchonnées dans leurs longues mantes de deuil qui les font ressembler à des « religieuses »... Quelques appels discrets... quelques ordres brefs et à voix mi-basse... Déjà, en ces courtes soirées d'automne, l'ombre descend du ciel et monte de la mer avec la brume froide, triste, attristante, perlant les

(1) *Douarnenez* est une ville de 7 à 8.000 âmes agréablement située sur la baie du même nom, l'une des plus belles de la Bretagne, avec son croissant de 70 à 80 kilomètres. Elle n'offre de remarquable que sa grande industrie de pêche et de salaison de sardines. De juin à décembre, par bonne pêche, on prend par jour près de 5 millions de sardines.

vareuses de laine et les colliers de barbe des marins, les capes des Douarnenaises des larmes des choses.

Les avirons en cadence frappent les eaux tranquilles : *splash !... splash !...* Les voiles s'enflent... A bord des bateaux, aucun bruit que le marmonnement des lèvres des femmes égrenant machinalement leurs chapelets... Les hommes pensent à ceux qui ne sont plus... et dont les gémissements semblent les appeler... Ne croient-ils pas les apercevoir dans la brume, agitant leurs bras, leur faisant signe de venir les rejoindre dans leurs limbes glacés...

La brise est favorable... En moins de deux heures, la procession a doublé le haut cap farouche qui lui barre l'horizon : et voilà que l'éclair du phare de Tévennec, dans les eaux du Raz, à la hauteur de l'île de Sein, brusquement perce et anime l'immense ténèbre mouvante d'une lumière mystérieuse et intermittente.

Le voici le lieu que, d'après les vieilles traditions bretonnes, la mer assigne comme sépulture éternelle à tous les naufragés dont on n'a pu recueillir les corps... Les barques s'arrêtent, dans la zone lumineuse, et, d'une voix tremblante — autant d'épouvante que de pieuse émotion, chaque femme murmure autant de *De Profundis* qu'elle compte, dans sa famille, de « péris en mer ». Rudes et graves, les voix masculines donnent les répons.

La pluie, maintenant, tombe fine et le vent qui commence à souffler en tourmente, enveloppe toute la scène comme des plis détrempés d'un crêpe de deuil en chassant, sous le ciel livide, des tourbillons de poussière d'eau... « *De profundis clamavi ad te, Domine*... J'ai crié vers toi, Seigneur, du fond de l'abîme... »

Quelle est donc cette illusion ?... Voici que dans les sillons que creusent les vagues, des têtes paraissent lugubrement verdâtres sous l'éclair du phare ! Dix... vingt... cent... que de cadavres ! Comme d'un cimetière que retournerait un effrayant tremblement de terre exhumant les morts stupéfaits de revoir la lumière du jour, la mer fait sortir, en cette soirée d'automne où la pensée des vivants va vers eux, tous les morts qu'elle cachait en ses profondeurs sinistres.

Les femmes poussent un cri d'effroi, se signent et cachent sous leurs mains ou sous le capuchon de leurs mantes leurs yeux épouvantés par cette vision d'horreur. Les hommes se raidissent et croient tout d'abord être le jouet d'un cauchemar ; mais non, plus nombreux, toujours plus nombreux, les cadavres viennent heurter leurs barques. Seraient-ils revenus aux temps d'autrefois, aux temps de la légende qu'on leur a tant de fois racontée le soir à la veillée aux nuits sombres où les pauvres naufragés de la mer venaient exiger des vivants qu'ils les portassent dans leurs embarcations et leur assurassent une sépulture en terre sainte ?

Revenus de leur frayeur première, les pêcheurs recueillent ces corps sous le poids desquels leurs barques ont de l'eau jusqu'au bordage : pêche lugubre en cette nuit lugubre ! Ce sont les morts de l'*Austria* que les courants ont amenés en ces parages, pris sans doute d'une immense pitié, sachant que de charitables matelots seraient là, les recueilleraient et apprendraient tragiquement l'effroyable catastrophe qui avait broyé tant d'existences humaines, tant de jeunesse, d'espoirs et d'énergies !

*
* *

Presque à la même heure, sur une des falaises de l'*Ile de l'Epouvante,* on aurait pu voir une Ouessantine, tenant à la main une large couronne funéraire qu'elle avait elle-même confectionnée, et regardant sans amertume cette mer sauvage qui lui avait ravi son homme et qui bientôt peut-être lui prendrait ses fils : c'était la femme de Le Fantec qui se croyait veuve et qui venait apporter à celui que ses compagnons avaient vu enlever par une lame, à leurs côtés, une pensée de pieux souvenir.

Auprès d'elle, serrés contre elle, quatre garçons, ses fils, le béret à la main, songeaient eux aussi, agitant en leurs âmes, nullement abattues par la disparition tragique de leur père, d'aventureux départs. N'allaient-ils pas, tous quatre, s'embarquer comme mousses, dès le lendemain, pour gagner le pain quotidien dont la conquête est si âpre en ce rude pays de l'*Ar Mor ?* Et pendant que la mère, la voix pleine de larmes, murmurait le *De profundis* et le *Pater noster* que savent toutes les Bretonnes car à toutes les fêtes — non pas seulement les fêtes des morts, si fréquentes hélas ! — mais même aux réjouissances des baptêmes et des noces, on ne manque jamais à ce devoir de religion de dire les prières pour tous les défunts de la famille.

Que de fois, elle avait entendu, la pauvre femme Le Fantec, le doyen ou la doyenne se lever, au milieu d'un silence d'église éteignant, pour un instant, toute la gaieté de la réunion :

— Ceci est pour Tugdual Le Fantec... le père d'Yves... *Pater noster qui es in cœlis...*

Et tous de terminer en chœur, douloureusement :

— ... *Sed libera nos a malo. Amen.*

— Ceci est pour Hoël Le Fantec, le frère d'Yves perdu en mer, à Islande à bord de l'*Etoile de la mer*... à dix-sept ans.

— *De profundis !*

— Ceci est pour Jean et Pierre Le Fantec, mes fils, naufragés dans les parages de *Enez-Heussa*... Ceci pour...

Et la veuve, à son tour, priait pour son mari et pour tous les siens ; la liste en était longue, hélas ! tandis que les enfants donnaient les répons. Puis, d'un geste large, elle lança dans les flots qui sapaient la base de la falaise avec des hurlements de damnés, la couronne mortuaire, semblable à une bouée de sauvetage...

En cette même soirée, de bien des coins de la côte bretonne, maintes autres offrandes à la mémoire des innombrables disparus tombèrent sur cette mer aimée et redoutée à la fois, étant la grande nourrice et la grande dévoreuse des maris, des frères, des pères, des fiancés... Et, d'un bout à l'autre de la péninsule armoricaine, accompagnés par les grandes orgues des lames prenant part elles aussi, par leur musique à la Fête des Morts, des milliers de voix disaient :

— *De profundis !... Pater noster* !... Pensons aux disparus !...

Ce qui n'empêchera pas les hommes, dès l'aube, de retourner « labourer » le mouvant cimetière où dorment tant des leurs... des aînés ou des cadets... tous aimés !...

Leur pèlerinage terminé, la mère et ses quatre fils regagnent la masure où toujours, au coin de l'âtre comme à la table une place est réservée à celui qui ne reviendra plus... C'est la dernière soirée que les petits mousses vont passer en famille avant de se disperser sur les mers lointaines ou prochaines, car ils ne sont pas d'âge encore, ni les uns ni les autres, à conduire seuls l'embarcation paternelle dont les planches se disjoignent dans l'oisiveté à laquelle elle est condamnée sous l'abri qui la protège... De qui parlera-t-on, bien avant dans la nuit, si ce n'est du cher disparu dont le souvenir flotte par toute la pauvre cabane ?...

Sous ce cadre de coquillages qu'il confectionna lui-même alors que l'ouragan le retenait auprès du foyer, voilà son portrait en marin de la flotte, l'air crâne, le béret un peu cascadeur, la cigarette aux lèvres... Plus loin, sous un verre soigneusement épousseté, c'est une lettre de félicitations du ministre pour des sauvetages qui eussent valu à quelqu'un qui n'eût pas été un aussi obscur héros, une médaille d'or ou même la croix de la Légion d'honneur...

Là, ses filets étendus et drapés comme des étoffes et des tentures de prix ; ses pipes rangées à leur râtelier — son œuvre encore — et qui s'ennuient d'être seulement de vains ornements de la grossière muraille de galets ; quelques images qu'il a rapportées de ses expéditions lointaines ; des objets exotiques peut-être achetés dans les bazars d'une grande ville maritime. Un bahut breton, qu'apporta en dot Rozennic quand elle devint Mme Le Fantec, contient soigneusement pliés la vareuse du naufragé, ses effets du dimanche et des grandes fêtes. Bref, tout parle de lui, tout semble attendre son retour, comme si, au lieu d'être parti « pour le grand voyage » il allait, sous peu, revenir d'une expédition de pêche sur les côtes d'Espagne, à la poursuite des thons, ou d'une campagne à Islande ou à Terre-Neuve...

Rozennic Le Fantec soulève le loquet et pousse la porte qu'elle ne ferme jamais autrement, car il n'y a que d'honnêtes gens à Ouessant, mais vivement elle se rejette en arrière en poussant un cri d'effroi : quelqu'un est assis au foyer qu'il tisonne du bout d'un bâton.

— Qui êtes-vous ?... Que venez-vous faire ici ? s'écrie-t-elle enfin, après s'être ressaisie.

L'homme se retourne, et, à la lueur du feu d'ajoncs qui éclaire son visage empreint d'une grande douceur bien qu'il disparaisse presque entièrement sous une barbe sauvage et hirsute, Rozennic a reconnu son mari...

— Le Fantec !... Le Fantec !... murmure-t-elle en proie à une indicible terreur...

— Papa !... Papa !... crient les enfants en se signant et en s'abritant derrière la longue cape de leur mère...

— Ton âme, ô mon pauvre mari, n'est donc pas satisfaite de mes offrandes ?... Que veux-tu, fantôme ?... Pourquoi reviens-tu... à ce foyer ?... *Jésus ma Doué !...* Ayez pitié de moi !...

L'étranger, toujours souriant d'un sourire énigmatique, sans répondre à ces questions qu'il ne semblait pas avoir entendues, mit un doigt sur ses lèvres, et d'une voix qu'il s'efforçait de rendre douce :

— Chut !... ne faites pas de bruit... Il ne faut pas la réveiller... Elle dort !...

— Le Fantec ! C'est bien ton ombre ?... C'est bien ton fantôme qui me parle ?... Oui... oui... je le sais, c'est la nuit des morts... Tu viens me reprocher de ne t'avoir pas donné une sépulture... Mais le pouvais-je, puisqu'on n'a pas retrouvé ton corps... dis, le pouvais-je ?

— Pas si haut !... Elle a tant besoin de repos !...

— Ton âme, mon pauvre mari ?... Mais j'ai fait dire le service du *proella*... La petite croix bénie qui représente ton corps, est dans son coffret... aux pieds de la statue de saint Pol...

— Tu ne m'attendais donc plus, Rozennic... ni toi, Hoël, ni toi, Yvon, ni toi, Charlot, ni toi, Corentin ?... Il est vrai que j'ai fait un long voyage... beaucoup plus loin que je ne le pensais... je suis allé cherché un petit ange... au Paradis !

— Que dit-il, *ma doué !* que dit-il ?... Ce soir encore nous sommes allés tous les cinq... Corentin, Charlot, Yvon, Hoël et moi, mon pauvre mort, te porter une couronne, auprès du phare de Créa'h... pour que ses rayons l'éclairent plus longtemps et que, du fond des eaux, tu puisses la voir... et voir que nous ne t'oublions pas...

— Je l'ai ramenée du Paradis... et elle m'a sauvé de l'enfer... je le sais bien... je suis racheté, maintenant !

— Alors, pourquoi viens-tu ?... Que veux-tu ?

— Tu seras sa mère, Rozennic, et nous aurons avec nos quatre fils, un ange du Paradis qui sera notre ange gardien...

La pauvre femme était si persuadée que son mari était bien mort qu'elle ne pouvait penser autre chose sinon que l'apparition se montrant à elle, à son foyer, en cette nuit des Morts était le fantôme du naufragé !... Mais quel langage lui parlait-il donc ?...

— Vous le voyez... comme moi, n'est-ce pas, mes enfants ?... Vous le reconnaissez bien ?... C'est lui... votre père... vous entendez sa voix... je ne rêve pas, dites ?... Mes yeux ne me trompent pas ?...

Effrayés, les enfants répondaient : oui ! de la tête.

— Je vous en prie, Hoël, Yvon, allez tous les deux... chez M. le Recteur... qu'il vienne tout de suite... avec de l'eau bénite...

— Maman, maman, nous ne voulons pas rester ici... nous avons trop peur... nous accompagnons Hoël et Yvon... chez le Recteur, disent les plus jeunes, Corentin et Charlot, qui tremblaient de tous leurs membres, car, ainsi que nous l'avons déjà dit, les Bretons dans l'esprit desquels est soigneusement entretenue la superstition, si hardis soient-ils devant le danger, sont pusillanimes en face des revenants... que crée leur imagination apeurée par les histoires de l'au-delà dont est bercée leur enfance et dont ils se repaissent jusqu'à la vieillesse...

*
* *

Ce n'était pas un fantôme, une sorte de *double* de Le Fantec, qui en cette soirée consacrée au culte des disparus, était revenu prendre la place qu'on lui gardait à son foyer. C'était bien *le corps* même du mari de Rozennic, du père des quatre petits mousses, mais c'était un corps *sans âme :* Le Fantec était fou !...

Nous l'avons vu quittant l'épave de l'*Austria*, aux premières lueurs de l'aube, juste à temps pour ne pas être englouti par la marée montante qui allait faire disparaître jusqu'aux dernières preuves matérielles de l'effroyable catastrophe... Mais quelles émotions ont été les siennes en cette affreuse nuit où l'ouragan vainqueur s'est fait le complaisant complice du sinistre duo Sidi ben Meckhnèz et Nicolasik !

Comme ceux qui ont abusé de l'ascendant qu'exerçait leur volonté supérieure sur son âme faible toujours prête à tourner à tous les vents, il s'est montré tout d'abord ardent à l'horrible curée, et il a dépouillé, lui aussi, maints cadavres de naufragés... ne pourrait-on pas dire d'assassinés? Puis, tout à coup, la plainte si touchante de l'abandonnée, de l'orpheline, a touché son cœur dont l'enveloppe seule était de pierre, car il renfermait tous les bons sentiments qui n'attendaient qu'une occasion pour paraître au jour et se transformer en actions généreuses.

Et, du coup, il a dépouillé le vieil homme, et il est redevenu le bon, le brave Le Fantec qui se demande par quelle étrange aberration — où il voit volontiers une influence surnaturelle — il a pu abandonner sa digne femme, Rozennic et ses quatre petits dont il voulait faire de rudes et honnêtes marins comme lui !... Lui, naufrageur ! Lui, assassin de ses frères ! Complice de la nuit, de la rafale, des écueils sournois et des bandits Sidi ben Meckhnèz et Nicolasik ! La petite voix plaintive de la fillette l'a ramené au bien... par bonheur.

Pour elle, pour mériter aussi sa rédemption, il a bravé tous les dangers : il a failli périr écrasé, brûlé, noyé ; mais, soutenu par l'idée du devoir, il a triomphé de tous les obstacles et le voilà maintenant qui rame pour échapper aux tourbillons, aux remous, aux courants qui n'ont pas renoncé, semble-t-il, à le considérer comme une proie qui leur échappe... Pendant un jour, pendant une nuit encore sa frêle embarcation fut le jouet des flots, et, perdu en mer, il n'aperçut aucun navire qui pût lui porter secours... Les forces humaines, les forces même d'un héros ont des limites, et, dans cet effrayant surmenage, la raison de Le Fantec sombra... doucement... lentement...

Il souffrait du froid, s'étant presque dévêtu pour que la pauvre orpheline eût un peu plus chaud ; il souffrait de la faim, ne voulant pas toucher au seul biscuit qui se trouvât dans la barque et qu'il donnait par petites bouchées à celle qu'il avait sauvée, mais dont le sauvetage durait depuis plus de vingt heures ; il souffrait de la soif, économisant la petite flaque d'eau de pluie, seule réserve d'eau douce qu'il eût à sa disposition, et toutes ces souffrances physiques s'ajoutant à ses angoisses morales, désemparé moralement et physiquement, au prix de quelles difficultés l'infortuné Le Fantec aurait-il réussi, à rallier Ouessant, son île natale?... Deux choses seulement surnageaient, au milieu du naufrage de sa raison, le souvenir de sa famille, resté vivace en lui et qui lui avait fait retrouver le foyer trop longtemps et pour une trop sinistre besogne abandonné pour lui, le dévouement sans bornes qu'il avait voué à l'unique survivante de l'*Austria*...

*
* *

Rozennic Le Fantec ne tarda guère, après que, attirés par l'étonnante nouvelle colportée par Hoël, Yvon, Corentin et Charlot, les voisins, les voisines et le recteur eurent envahi la cabane, à se rendre compte que c'était bien son mari qui avait repris sa place au foyer. Elle en éprouva une grande joie — mêlée de tristesse, il est vrai. Mais ce qui l'intriguait aussi, c'était de savoir quelle était cette enfant, ayant au cou un collier de perles d'un prix inestimable, qui se reposait de ses longues fatigues dans le lit d'un de ses enfants, sur le matelas de goémon (1) qui devait lui sembler plus doux que la couette la plus moelleuse...

Et les commères papotaient, et les hommes hochaient la tête doctoralement... Le Fantec, toujours souriant, serrait les mains calleuses de ses compagnons, mais ne répondait à leurs questions que par des phrases incohérentes, des propos insensés, il n'y avait

(1) Le goémon, dont nous avons parlé plus haut, est une plante providentielle pour les insulaires bretons. Il sert pour la nourriture des bestiaux qui le préfèrent à l'herbe rude et coupante des maigres pâturages de pierre; il sert de litière dans les étables, de matelas pour les lits; on en met même dans le cercueil des morts pour adoucir leur éternel sommeil. On en enveloppe le pain d'orge, de seigle et de blé d'une épaisse couche qui brûle à petit feu toute une nuit... Après six heures d'une combustion qu'il faut activer sans relâche on en retire des blocs de soude qui se vendent de 4 à 5 francs les *cent kilos* aux usines d'*Audierne* et de *Pont-Labbé*.

pas à se le dissimuler, le pauvre homme avait perdu l'esprit : c'était un « *innocent* » que Rozennic avait retrouvé.

— Ne désespérez pas, ma bonne dame Le Fantec, lui dit le recteur... C'est un cas parfaitement curable... Suivez mon conseil et vous vous en trouverez bien... Menez-le sur la « grande terre » sur le continent, et faites-lui faire, avec ce petit ange qu'il a ramené, le *Trô Breiz* « le tour de Bretagne » et il retrouvera sa raison... qui n'est pas partie bien loin, c'est moi qui vous le dis... Les sept apôtres lui viendront en aide !...

— Ah ! Monsieur le Recteur, vous dites cela peut-être pour me consoler...

— Voyons, voyons, mon excellente dame, franchement, trouvez-vous que votre mari qui nous est si miraculeusement rendu en ce saint jour des Morts, ait tout à fait perdu sa raison ? Voyez-le : il berce cette petite fillette, mieux qu'un père, aussi gentiment qu'une mère, et quand il lui parle, se douterait-on qu'il n'ait plus toute l'intégrité de ses facultés mentales ?

— C'est vrai, Monsieur le Recteur... Et il nous reconnaît tous...

— Oui, il y a dans cette absence de votre pauvre mari quelque chose de mystérieux, de surnaturel... Vous vous devez de tenter tout pour le sauver... pour percer le mystère qui pèse sur les circonstances plus qu'étranges auxquelles vous devez d'avoir maintenant une fillette à aimer...

— Oui, oui... c'est Dieu qui nous l'envoie... Ah ! la pauvre petite ; tant que mes bras pourront travailler, elle ne manquera de rien... C'est dit, Monsieur le Recteur, dès que je le pourrai, je partirai avec mon pauvre homme... et sa trouvaille. Je vous prierais seulement de conserver précieusement le collier de perles de l'enfant... Je voudrais n'y pas toucher, si je le peux, pour les lui rendre, plus tard... si elle ne retrouve pas ses parents... quelle énigme, *ma doué,* quelle énigme !...

— Tout s'éclaircira dans l'avenir, ma bonne dame Le Fantec, quand votre mari aura recouvré sa raison et sa mémoire... et tout s'arrangera...

— Dieu vous entende !

— Que la pitié des Sept Saints de Bretagne soit sur votre infortuné mari et le guérisse du mauvais mal !

— Amen !

CHAPITRE V

Eglise Saint-Michel, à Quimperlé.

V

Conséquences de l'isolement de la Bretagne. — Tout s'en va ! — « Le Tour de Bretagne. » — Religion et superstition. — Un pardon célèbre. — Marchandage de mortifications. — La science : œuvre diabolique ! — Dreadnoughts et Veilleurs d'acier. — Un grand port. — Des héros. — La lune de Landerneau. — Réveil terrible !

La Bretagne est, géographiquement située tout entière dans le Massif Armoricain, sans cependant coïncider exactement avec lui. Le Bocage Normand, le Bocage Manceau, le Bocage Vendéen qui forment la partie orientale du Massif, dans le voisinage des *bonnes terres* de la Normandie, de la Loire, du Poitou, bien que physiquement semblables à la Bretagne, ne sont cependant pas la vraie Bretagne, la péninsule, exposant trois de ses faces, sur quatre, à la mer et tirant de la mer, de l'*Ar Mor*, de la *Mor braz,* toute la richesse que lui refuse son sol presque partout couvert de landes monotones, largement étalées, désolées. On ne comprendrait guère qu'un Breton fût autre chose qu'un marin, un pêcheur.

Remarquez sur la carte de France la situation excentrique de la Bretagne, et vous comprendrez pourquoi cette province est restée si longtemps indépendante, isolée et étrangère à la vie de la

France. Voyez où se trouvent les villes, les agglomérations un peu importantes : sur la côte, ou à proximité de la côte. Les Bretons regardent vers la mer et non vers le continent auquel ils tournent le dos, et maintenant encore, malgré le développement des routes, les relations entre les groupements humains sont plus faciles par cabotage que par terre (1).

La géographie explique donc que les Bretons, vivant à part dans leur autonomie et leur fier isolement, aient gardé leur langue, leurs coutumes, leurs manières propres de croire, de penser, de sentir, beaucoup plus longtemps que les habitants des autres provinces de France. « La *petite patrie* commence à peine de se fondre dans la grande, sous l'influence irrésistible des grands courants économiques ou autres qui brassent le monde moderne. »

Quelques historiens, quelques romanciers poussent déjà le cri d'alarme, répétant, en jetant de la cendre aux quatre coins de l'horizon : La Bretagne se meurt ! La Bretagne est morte ! Bientôt les coutumes de la vieille Armorique ne seront plus qu'un souvenir ! Déjà l'empreinte antique qui la frappait au coin du passé s'efface chaque jour ; le commerce, ce commerce qu'exécrait Brizeux criant à Dieu en une ardente prière :

O Dieu qui nous créas ou guerriers ou poètes,
Sur la côte marins et pâtres dans les champs,
Sous les vils intérêts ne courbe pas nos têtes :
Ne fais pas des Bretons un peuple de marchands!

(1) « La Bretagne est restée longtemps peu accessible. On ne pouvait y circuler qu'à cheval sur ces petits bidets bretons, peu élégants, aux épaules étroites, au trot rude mais solides et résistants, vivant de rien. Les premières bonnes routes datent de la seconde moitié du XVIIIe siècle ; la plupart d'entre elles, allant droit devant elles, n'étaient qu'une suite de côtes abruptes et de descentes vertigineuses ; il a fallu de nos jours les rectifier presque toutes. Elles n'en constituaient pas moins un grand progrès ; des diligences circulèrent alors en Bretagne et l'on put se rendre *en sept jours et huit nuits* de Brest à Paris. (*Actuellement le chemin de fer de l'Ouest-Etat abat les 624 kilomètres qui séparent les deux villes en 10 h. 1/4.*)

Etablir des voies ferrées en Bretagne parut d'abord presque impossible. De fait, l'entreprise a nécessité l'exécution de très nombreux travaux d'art, tranchées, tunnels, grands viaducs comme ceux de *Morlaix*, de *Dinan*, de *Châteaulin*. » (L. GALLOUÉDEC.)

Cependant la Bretagne possède aujourd'hui un réseau ferré presque complet qui, obéissant aux nécessités physiques et économiques, comprend deux grandes artères longeant parallèlement les deux lignes de le commerce donc, le développement de l'instruction et des écoles de plus en plus fréquentées, l'obligation du service militaire (1) tendent à faire disparaître de plus en plus son caractère primitif! Hélas! hélas!

Faut-il se lamenter de la disparition rapide d'une civilisation vraiment par trop arriérée? Nous ne le croyons pas. Pourquoi donc l'âme bretonne n'obéirait-elle pas à la loi d'évolution du Progrès, pourquoi, au lieu de se claquemurer aux choses du passé, n'ouvrirait-elle pas les yeux tout grands sur le Présent et sur l'Avenir ? Le Pittoresque y perd, nous n'en disconviendrons pas, mais la *Raison* y gagne, et cela vaut qu'on fasse quelques sacrifices. Que la Bretagne conserve une individualité régionale, c'est fort bien, à condition que cette originalité s'épanouisse dans l'individualité nationale de notre belle Patrie et, plus loin encore, dans l'Humanité tout entière.

C'est au passé, à ce passé qui bientôt, souhaitons-le, ne sera plus, aux superstitions, à la crédulité, à tout cet ordre d'idées qui sombrent sous le flot montant et bienfaisant des lumières de l'instruction, que se rattachent, simples, naïves, mais non dépourvues à la vérité d'une certaine poésie un peu fruste, les âmes et la mentalité des héros de cette histoire. Que nos lecteurs nous pardonnent de leur offrir pour guides dans le *Trô-Breiz,* le Tour de Bretagne, le pauvre innocent Yves Le Fantec, le *Ar zod*, le fou, sa femme Rozennic aussi douce que crédule, et la dernière survivante du drame sanglant machiné par Sidi ben Meckhnèz et

côtes : l'une allant de *Rennes à Brest*, la seconde de *Nantes à Brest*. Des voies transversales, perpendiculaires aux précédentes relient Saint-Malo à Redon et à Nantes et Saint Nazaire, Saint-Brieuc à Vannes, Roscoff à Quimper. Ces voies ferrées, en mêlant de plus en plus la Bretagne arriérée à la vie générale de la France, contribuent, ainsi que nous l'avons déjà noté, à la moderniser.

(1) Il commence déjà à devenir légendaire le temps héroï-comique où l'on voyait arriver à la caserne les conscrits bretons en leur costume en vérité très pittoresque et dont l'artiste et le touriste ne sauraient trop regretter la disparition. Pauvres conscrits ! Que de quolibets leur ont valu leurs longs cheveux, leur tête si dure que les instructeurs désespéraient d'y faire entrer quoique ce fût ! Ne raconte-t-on pas qu'ils ne savaient distinguer *la droite* de *la gauche* et qu'on attachait à leurs « godillots » un peu de paille à l'un, du foin à l'autre? Et le sergent de commander : Paille! foin!... paille! foin! au lieu de : Gauche! droite!... gauche! droite!

Nicolasik. Peut-être ne le regretteront-ils pas, car en leur compagnie, dans quels coins et recoins mal connus de la région et de l'âme bretonnes ils pourront pénétrer !

Durant des siècles, siècles de foi ardente et naïve du moyen-âge au cerveau embrumé d'ignorance, malgré les efforts de quelques âmes d'élite la religion était grossière et quasi matérielle : l'imagination enfantine des hommes de cette époque ne pouvant concevoir une foi pure, hautement désintéressée, se cantonnait en une superstition faite moins d'amour pour le bien que de peur du diable.

L'essentiel était de faire beaucoup de prières et d'observer strictement les prescriptions de l'Eglise concernant le jeûne et les abstinences. Ne voit-on pas, dans un poème du XIIIe siècle, un joyeux seigneur assistant à un festin d'apparat, à la lueur d'un incendie qu'il a fait allumer et qui consume non seulement un couvent mais encore les religieuses qui y sont renfermées ? Déjà sont apportés sur les tables force plats de venaison, tout à coup le seigneur se souvient que c'est temps de jeûne et carême. Aussitôt il se lève, et, aux dernières lueurs de l'incendie qui a achevé son œuvre effroyable de ruine et de mort, avec un beau geste, il fait enlever les mets défendus et pieusement s'écrie : « N'offensons pas Dieu ! » N'eût-il pas mieux agi en se montrant plus humain... et un peu moins respectueux de l'obligation du maigre ?

Partout on voyait des miracles, c'est-à-dire des événements inexplicables par des causes naturelles et dus à l'intervention de Dieu ou des saints. Des saints surtout, car la religion reflète un peu l'image de la société féodale. Dieu semble bien vague, bien éloigné, comme le Roi : Aussi, de même que les petits seigneurs féodaux préfèrent « se recommander » à un seigneur du voisinage, de même, les fidèles rendent plus volontiers hommage au saint de la localité dont ils voient tous les jours l'image, qu'ils connaissent plus familièrement que l'Être suprême... un peu trop loin pour entendre leurs prières...

De là, l'importance capitale et le trafic aussi florissant que scandaleux des reliques : car la possession des restes d'un saint ou d'un objet qui lui a appartenu donne droit par privilège spécial, à la protection de ce saint. En vain, dans l'Eglise même s'élèvent des voix autorisées pour blâmer ces pratiques ; en vain nombre d'évêques éclairés recommandent-ils de ne pas accepter des reliques de provenance douteuse. Pour un peu on les accuserait d'impiété, d'hérésie ! Et l'on continuait à adorer une plume de l'aile de l'Ange Gabriel, une larme du Christ, un soulier de la Vierge, un morceau de la crèche de Jérusalem. Le pape lui-même n'envoie-t-il pas à Guillaume, duc de Normandie, pour assurer le succès de sa croisade contre les Anglais, un cheveu de saint Pierre ?

Le petit village breton de *Saint-Jean-du-Doigt*, très pittoresquement situé aux confins des départements du Finistère et des Côtes-du-Nord, non loin des rochers ou Chaises de Primel et du cap de *Beg au Fri* (le Bout du Nez), conserve précieusement en son église l'index de la main droite de saint Jean-Baptiste : d'où son nom de Saint-Jean-du-Doigt. Relique inestimable, renfermée dans un étui de cristal monté en or... et d'une authenticité que ne met en doute aucun Breton.

Qui assiste aux fêtes du *Pardon* (1) de Saint-Jean-du-Doigt peut se croire transporté aux siècles les plus brillants de la superstition « moyenâgeuse » !

« Ce Pardon offre une physionomie à part. Il n'est pas très facile de bien voir la procession annuelle du 23 juin sans être incommodé par la foule compacte qui encombre les pierres tombales à la sortie de l'église ; mais il est surtout impossible de n'être

(1) Les *Pardons* sont un reste des anciens *pèlerinages* ou voyages soit volontaires, soit imposés aux sanctuaires renfermant des reliques des saints les plus vénérés, en vue de racheter un péché, un délit, un crime. Les pèlerinages collectifs devinrent les *Croisades*. On allait à Saint-Jacques de Compostelle en Espagne, à Saint-Pierre de Rome ; les pèlerins les plus heureux étaient ceux qui pouvaient atteindre les *Lieux Saints* et prier sur le tombeau du Christ, le *Saint Sépulcre* à Jérusalem. Les « Pardons » bretons tendent à devenir de plus en plus des parties de plaisir, plutôt que des déplacements de piété... On s'y amuse beaucoup et on y boit encore plus...

point assourdi par les glapissements de la plus affreuse réunion de mendiants et d'estropiés que la Bretagne renferme, étalant toute l'horreur de leurs plaies, et nasillant leurs interminables complaintes. Beaucoup, assurément, descendent en ligne directe des malandrins fameux qui reçurent Pierre Gringoire dans la *Cour des Miracles* (1) et se sont transmis le secret de ces plaies hideuses et souvent factices, de ces contorsions de membres, de ces voix lamentables. Quant à leurs costumes, le crayon de Callot (2) pourrait seul les rendre dans leur décousu pittoresque et le luxe de leurs haillons sordides.

Pour embrasser dans leur ensemble toutes les parties de la fête, il faut monter jusqu'à la plate-forme de la tour, d'où part le *dragon*, ou pièce d'artifice qui va allumer sur la montagne voisine le *tantad* ou feu de joie. De ce poste élevé on domine la foule bigarrée gravissant lentement, au chant des hymnes sacrés, le coteau, qui conduit au bûcher, pendant que les pèlerins se distribuent l'eau de la *Fontaine du Doigt* pour la boire et s'en baigner les yeux.

Au moment où le *dragon* communique son feu au bûcher, une décharge générale de mousqueterie se fait entendre, les tambours battent aux champs, la fumée de l'encens s'élève vers le ciel, mêlée à celle de la poudre, à celle du pétillant feu de lande et de la couronne de fleurs qui le domine, et la voix des prêtres entonne l'hymne du Saint-Doigt.

La procession redescend ensuite la montagne pour rentrer dans l'église, ayant en tête des porteurs de lourdes bannières herminées, qui se disputent l'honneur de les faire passer sous l'arc de triomphe du cimetière ; des clameurs s'élèvent de la foule en faveur du Trégorois, du Léonard ou du Cournouaillais qui réussira dans ce tour de force auquel peu de bras et de reins peuvent

(1) Victor Hugo dans son roman *Notre-Dame de Paris* en a tracé un tableau truculent et inoubliable.

(2) Célèbre graveur du XVIIe siècle dont le burin a rendu les Misères de la Guerre avec un émouvant réalisme.

aspirer. A la suite des bannières et au milieu d'une flottille de navires pavoisés, portés sur des brancards par des marins, se distingue le vaisseau *la Cordelière*, dont le nom rappelle la plus grande des *nefs* du XVIe siècle, que la reine Anne de Bretagne avait fait construire à Dourduff, port voisin de Saint-Jean, et qui eut une fin si glorieuse en abordant *la Régente* d'Angleterre, au combat de Saint-Mathieu, en 1512. De jeunes mousses impriment avec des rubans un mouvement alternatif de roulis et de tangage aux navires, et, à chaque arrêt de la procession, un maître d'équipage donne un coup de sifflet, le signal de charger les pièces ; au second coup de sifflet, les bâtiments font feu de tribord et de bâbord, et l'on se remet en marche.

La vue se porte ensuite sur le défilé des *Miraclou*. C'est ainsi qu'on désigne les gens guéris dans l'année par l'attouchement du doigt et par l'eau de la fontaine. Pieds nus, en manches de chemise et un cierge à la main, ils sont tenus de venir remercier saint Jean le jour de sa fête. Une multitude d'enfants de tout âge, aussi guéris de maux d'yeux par l'intercession du saint, font partie du cortège ; les plus petits, coiffés de bonnets dorés et enrubannés, sont sur les bras de leur mère ; d'autres ont adopté le costume que les peintres donnent à saint Jean enfant, et conduisent un agneau en laisse.

Vient enfin, derrière des porteurs et porteuses de croix, d'oriflammes et de statues de la Vierge, restes des trésors de Saint-Jean et de Plougaznou, un nombreux clergé en dalmatiques, portant, sur des brancards, dans des reliquaires d'argent, le chef de saint Mériadec, le bras de saint Mandetz ou Mandé, et enfin le *bis saut Ian*, posé sous un petit temple, dans son étui de cristal monté en or.

« Une mêlée générale, conclut M. Pol de Courcy, s'engage devant la balustrade de l'autel pour se faire *donner le doigt*, c'est-à-dire se le faire appliquer sur l'œil par la main du prêtre. Il faut renoncer à décrire le désordre qui règne à ce moment dans l'église, désordre qui contraste avec le calme et la décence de la procession. »

Le *Trô-Breiz,* le Tour de Bretagne était jadis un pèlerinage si fréquenté que des routes spéciales, soigneusement entretenues, gazonnées, ratissées, ombragées, véritables allées de château ou plutôt voies sacrées conduisant au ciel, avaient été construites à travers toute la province de l'Armorique. Elles menaient aux cathédrales des Sept Saints, des Sept Apôtres de l'église primitive : à Saint-Pol-de-Léon, Saint-Tugdual-de-Tréguier, Saint-Brieuc, Saint-Samson-de-Dol, Saint-Malo, Saint-Paterne-de-Vannes et Saint-Corentin-de-Quimper.

Ce pèlerinage, au moyen âge, donnait lieu à d'importantes manifestations. « Elles se produisaient quatre fois l'an, nous rapporte l'érudite et poétique étude sur la *Terre du Passé,* aux époques dites les Quatre Temporaux, qui étaient pour parler comme les Bretons, Pâques Fleuries, Pâques de la Pentecôte, la Saint-Michel et la Nativité. Des foules immenses y prenaient part. Pendant tout un mois — car telle était la durée de chaque temporal — c'était, sur toutes les voies tant de l'aller que du retour, une suite ininterrompue de processions cheminant, clergé en tête, par étapes et accomplissant dans les trente jours prescrits, un circuit de près de deux cents lieues. La campagne ne portait, en effet, son fruit que si on la menait tout entière à pied. Et, cette obligation, les ducs de Bretagne s'y astreignaient avec autant de scrupule que leurs plus minces sujets. Nous le savons par l'exemple de Jean V, qui nous a été légué par son historiographe. Atteint de la rougeole à Rennes, en 1419, il promit s'il se tirait d'affaire, d'entreprendre le voyage des Sept Saints. A l'automne, il était en route, accompagné d'un seul serviteur, son fidèle amiral du Penhoët, et les sept villes épiscopales furent visitées par lui, à tour de rôle, sans autre apparat... »

Pèlerinage de Sainte-Anne-d'Auray.

Si efficace que fût cette dévotion, elle n'en exigeait pas moins de telles fatigues et privations que beaucoup de gens hésitaient à l'entreprendre... pour leur compte matériel. Avec de l'argent, ils se procuraient des pèlerins de bonne volonté qui marchaient pour eux et leur gagnaient des indulgences sans autre peine que de délier les cordons de leurs bourses. De nos jours, encore il ne manque pas, en Bretagne, de pèlerins et de pèlerines par procuration qui se louent... pour expier aux dépens de leur chair les péchés du riche. Auprès de Saint-Renan, et dans maints pardons, un exercice de piété très fréquent consiste à faire à genoux, sur les pierres, le tour du cimetière des Sept-mille-Saints ou de telle et telle église, aussi n'est-il pas rare d'entendre des mendiants dont la peau est tannée par la misère et les longues marches, crier avec une ingénuité touchante :

— Qui a un tour d'église à faire nu-pieds?

— Qui a le tour du cimetière à faire à genoux ?

On marchande, on se met d'accord et le vœu est accompli. On le voit rien n'est plus simple que de concilier ses intérêts spirituels avec son sybaritisme physique : il suffit d'y mettre le prix, encore ce prix est-il des plus modestes ?

Pour les peuples superstitieux de pareils marchandages n'ont rien de choquant. N'est-ce pas Numa, l'un des premiers rois sages et pieux de Rome, successeur de Romulus, qui ayant fait vœu de sacrifier cent têtes à Jupiter, s'il réussissait dans une entreprise, joua, lorsqu'il dut s'exécuter, avec plus d'habileté que d'honnêteté, sur les termes du contrat. Oui, il avait promis au dieu — et à ses prêtres intéressés à l'accomplissement du vœu — cent têtes, mais il n'avait pas ajouté : de bétail. Si bien qu'au lieu d'une hécatombe de cent bœufs, Jupin dut se contenter de cent têtes... d'ail et d'oignon !

Bien connue aussi est l'histoire de ces deux pêcheurs bretons qui, menacés d'être engloutis par la tempête, avaient fait vœu de se rendre à pied à Sainte-Anne-d'Auray (1) en ayant rempli leurs souliers de haricots en grains, si sainte Anne leur venait en aide. Échappés au danger, ils se mettent en route. Jugez des souffrances qu'ils devaient éprouver, par la torture que vous inflige un petit caillou qui vous blesse dans votre chaussure ! Aussi l'un d'eux gémissait-il, courbé en deux, s'accotant aux arbres et aux murs, tandis que l'autre marchait gaillardement en regardant son camarade avec un air de pitié un peu gouailleux. Celui-ci s'étonnant :

— C'est bien simple, compagnon. J'ai promis à Notre-Dame Sainte-Anne-d'Auray de mettre des haricots en grains dans mes souliers, mais avais-je spécifié qu'ils seraient crus ?... Non... Aussi les ai-je fait cuire ! Si tu avais suivi mon exemple, mon pauvre ami, tu ne serais pas si mal en point... Mais, du moment que tu as commencé il faut aller jusqu'au bout... Courage ! je t'aiderai...

— Ah ! merci, tu es bon...

— Laisse-moi achever !... je t'aiderai... de mes encouragements !

Ce n'était pas dans des dispositions aussi peu respectueuses, que Rozennic Le Fanteç comptait entreprendre son *Tour de Bretagne :* femme d'un autre âge, à maints égards, totalement illettrée, nourrie de contes et de billevesées, tenue à l'écart des idées modernes et, par sa rudimentaire mentalité, et, par l'éloignement

(1) La chapelle de Sainte-Anne est située à 3 kilomètres d'*Auray* dans le Morbihan. Elle doit son importance au pèlerinage célèbre qui s'y établit au XVIIIe siècle : c'est un pèlerinage encore très en vogue. Auray (en breton : Abré) est célèbre par la bataille de 1364, dans laquelle Jean de Montfort fut vainqueur de Charles de Blois dont les troupes étaient commandées par Du Guesclin. Les troupes de Jean de Montfort étaient dirigées par Chandos et Olivier de Clisson. La lutte fut acharnée. De Clisson a un œil crevé d'un coup de dague : furieux il se précipite au milieu des ennemis et les enfonce. Du Guesclin, non moins valeureux est pressé, renversé, secouru et dégagé. Mais, à la nouvelle de la mort de Charles de Blois, tué d'un coup de dague à la bouche il se jette en désespéré dans les rangs ennemis pour y trouver la mort, mais, désarmé, il se voit obligé de rendre son épée à Chandos et ses soldats, découragés, subissent une défaite complète. Le traité de Guérande (1365) consacre pour Jean de Montfort les résultats de la victoire d'Auray en lui assurant, ainsi qu'à ses descendants, la couronne ducale de Bretagne.

C'est aux environs d'Auray que se trouve la terre classique des monuments préhistoriques : Carnac et Locmariaquer dont nous parlons plus loin.

même dans lequel s'était écoulée sa vie d'îlienne en la plus éloignée des terres bretonnes, à Ouessant, elle était soutenue à la fois par ses irréductibles croyances et par l'amour qu'elle portait au pauvre fou aussi perdu pour elle en sa folie qu'il l'avait été pendant le temps passé en compagnie des farouches naufrageurs du Trou-de-l'Enfer. Que n'eût-elle pas fait pour le sauver ?

Et c'est avec une conviction profonde, une foi capable d'aplanir les montagnes, que, sur les routes bretonnes, drapée en sa cape de veuve qu'elle avait conservée, laissant échapper de son serre-tête noir les mèches éparses de ses cheveux blanchis avant l'âge par les mille angoisses qui assiègent le cœur des femmes de marins, ses souliers à gros clous à cheval sur son épaule et, dans les mains, la baguette de saule écorcée, insigne de sa condition de pèlerine qu'elle menait à l'inconnu redoutable ses deux enfants, Yves Le Fantec et l'orpheline. Le petit pécule si péniblement amassé fondra vite mais qu'importe ? Si le vrai pèlerin a la bourse légère, il a le cœur plein de merveilleux espoirs plus reluisants que l'argent, plus précieux que l'or. N'y a-t-il pas ici ou là, chez les misérables plus encore que chez les riches, une écuellée de soupe aux pommes de terre, une galette de blé noir, une assiettée de bouillie pour le mendiant qui passe, une claire flambée d'ajoncs dans la cheminée de la cuisine, et pour dormir une « paillée » d'orge, de fougère ou de goémon ? Peu importe le matelas pourvu qu'on ait le sommeil. Et le lendemain matin on repartira tout ragaillardi, confiant en l'avenir, les yeux fixés non sur les changements d'horizons, sur la fuite des paysages monotones ou gracieux, terribles ou délicats, mais, tels les Mages de l'Écriture, sur l'Etoile... l'Étoile du rêve poursuivie malgré toutes les désillusions...

*
* *

Quelques semaines se sont écoulées depuis cette nuit émouvante où Le Fantec a repris sa place auprès de son foyer. Hoël, Yvon, Corentin et Charlot se sont dispersés et les uns voguent vers les mers hyperboriennes d'Islande, les autres louvoient sur les côtes de la terre natale : tous font le rude apprentissage de la vie du marin et reçoivent plus de coups que de compliments ou de caresses : trop souvent les pêcheurs prennent une sorte de plaisir inconscient et sauvage à faire du mousse un vrai souffre-douleur, parfois même un martyr. Élevés eux-mêmes à cette école de brutalité, ils ne comprennent pas qu'on puisse devenir un vrai marin si l'on n'a pas le dos zébré de coups de garcette!... Et les petits mousses sachant bien, par tous les récits qu'ils ont entendu conter, qu'il en fut toujours ainsi, acceptent avec une sublime résignation, qu'il en soit de même maintenant, quittes à prendre leur revanche plus tard... Aujourd'hui, moi ; lui, demain!

La famille des Le Fantec s'est ainsi dispersée, et ni les uns ni les autres ne trouvent à proprement parler pénible cette séparation : n'est-ce pas le destin de tous ceux qui vivent de la mer? Quand ils se reverront réunis tous dans la masure natale, ils l'ignorent : certes leur cœur souhaite que ce jour arrive, mais si le sort en décide autrement, que peuvent-ils contre l'inéluctable fatalité? Ils ne s'écriront même pas, pendant des années, et pour cause, car ni les uns ni les autres n'ont mis le pied à l'école et tous, vrais fils du moyen âge, tiennent la science pour « diabolique ». Du jour où ils sont partis « Adieu vat! » se sont-ils contentés de dire : A la grâce de Dieu, des flots et des vents! Et cependant, malgré ces sentiments contradictoires qui rendent si complexe l'âme bretonne en apparence si simple, père et mère aiment leurs enfants d'un amour profond et sont bien par eux payés de retour. Lorsque se gonflent les voiles du bateau qui gagne l'horizon brumeux où se cachent tant d'embûches et de mystérieux dangers, et qui emporte loin de la tiède atmosphère de la famille, le moussaillon qui va faire son premier voyage, les cœurs aussi se gonflent ; et, malgré la médaille bénite cousue dans la vareuse du petit gars aimé aimant... et parti, une grosse larme monte aux yeux des vieux et des jeunes... Puis la résignation vient vite, car tout Breton est d'un beau fatalisme tranquille ; superficiellement, cette résignation ressemble à de l'indifférence, mais elle n'est rien moins que cela : l'âme bretonne est peu communicative. On agit beaucoup, on pense un peu, on parle à peine : voyez se battre des enfants bretons, leur sang coulera peut-être, mais c'est à peine si leurs bouches s'entr'ouvriront. En cette terre de granit et de gneiss, les aïeux ont l'air d'être de pierre... et les enfants ont l'air d'aïeux !

*
* *

Bien qu'elle eût grand'hâte de quitter Ouessant et d'entreprendre le long pèlerinage du *Tour de Bretagne* dont elle espérait merveille, Rozennic Le Fantec dut retarder son départ de quelques jours et laissa partir seuls ses quatre « petiots » : un bateau en emmena deux à Paimpol le port des « gars d'Islande » (1), un autre gardait Charlot comme moussaillon, dont Lampaul serait le port d'attache. Quant à l'aîné, Hoël, c'était à Brest qu'il chercherait son patron auquel il était recommandé par de braves homardiers (2) amis de son père.

Hoël, convoyé par le père Lestrezec qui précisément avait affaire à l'Inscription Maritime pour ses « invalides » comme il

(1) *Paimpol*, petite ville de 3.000 habitants dans le département des Côtes-du-Nord est agréablement située sur le versant d'une colline, au milieu de belles prairies et au fond de la baie qui porte son nom. Grâce à son port, ou plutôt à ses ports, c'est, entre Cherbourg et Morlaix, un point de relâche bien placé et commode. Paimpol arme pour la pêche à la morue, et, par ordre d'importance, vient après *Fécamp* et *Saint-Malo*, avant *Granville, Dunkerque* et *Gravelines*. Autrefois Paimpol armait pour la « course », la guerre des corsaires. Nous n'aurons pas l'audace de décrire une fois de plus, la bénédiction de la flottille d'Islande, du *Pardon des Islandais* ainsi qu'on dit en Bretagne. « Cette imposante cérémonie qui inspire de graves réflexions aux pêcheurs même les plus insouciants et laisse l'âme des spectateurs toute pénétrée d'une poignante impression de tristesse. » Ce serait, après P. Loti et A. Le Braz, présomption de notre part.

(2) On pêche les homards et langoustes par les grands fonds rocheux au moyen de casiers en bois, véritables cages à claire-voie, lestées de grosses pierres et appâtées. Une fois entré le crustacé n'en peut plus sortir.

disait, c'est-à-dire pour la pension à laquelle il avait droit en sa qualité d'inscrit maritime, avait pris place sur l'*Espère-en-Dieu* qui avait mis le cap sur la rade de Brest...

Ce n'est certes pas la première fois qu'il quitte Ouessant, mais aujourd'hui ce n'est plus l'île seulement qu'il voit disparaître dans la brume matinale, c'est la famille, c'est la mère si dévouée, si aimante, c'est le père, un peu brusque parfois, mais juste et aimé, le pauvre père qui n'est plus que l'ombre de lui-même, ce sont les frères aussi, c'est la masure, c'est la falaise, c'est tout le paysage familier, tout ce en quoi s'incarne, chez un enfant, l'idée primordiale de la Patrie.

Ce jour-là, le ciel s'est fait plus lumineux, l'azur glauque des eaux plus profond, la houle plus caressante, et l'*Espère-en-Dieu* coquettement penchée sur le flanc, file à bonne allure. Une baguette magique, une baguette de fée semble animer les îles, les îlots, les écueils que l'on dirait flottants, vagabonds, irréels — par ce jour de calme, mais recélant endormies, à leur base, leurs formidables puissances de destruction et de violence — apparaissant, puis disparaissant, toujours les mêmes et toujours différents. Voici Bannec, Triélen, Queménès, Lytiry, Morgol, Kérouroc, aux noms sonores un peu chantants même, bien qu'elles ne naissent pas, ces îles fauves, de la sérénité bleue de la mer Grecque ou de la Méditerranée latine, mais du glauque Atlantique qui, malgré son apparente bonhomie, réveille la mélancolie latente en tous les cœurs.

Par l'Iroise, l'*Espère-en-Dieu* s'insinue dans le fiord merveilleux que forme la rade de Brest au fond de laquelle débouchent, par de larges estuaires, deux petites, mais fort importantes rivières, l'Elorn et l'Aune, la rivière de Landerneau et la rivière de Châteaulin. Sur la gauche, à bâbord, se dressent, fiers et menaçants les forts de Bertheaume, dans l'anse du même nom qui défendent l'entrée du *Goulet* de Brest, au Nord, protégé au Sud par les batteries de la presqu'île de Roscanvel ou de Quelern.

— Là-bas, à tribord, vois-tu, mon garçon, c'est l'île des Morts. Quel que soit le champ maritime que ton bateau laboure de sa proue, c'est toujours un cimetière de barques mortes et d'équipages sombrés !

— *De profundis !* marmotte Hoël.

— Ça sera peut-être notre tour demain, s'il plaît à Dieu... Il faut s'y attendre.

— Et ne pas se désespérer, n'est-ce pas, père Lestrezec?

— Pour sûr... car le résultat serait le même. Nous voici dans le Goulet, la bouche, la petite « goule » pour parler poliment (1) ; nous avons une bonne lieue et quart avant d'arriver dans la rade elle-même, dans laquelle peuvent manœuvrer des escadres entières de cuirassés et sans se gêner encore... Songe que ce havre de guerre a près de 25 kilomètres de long sur 10 de large... Je plaindrais les « dreadnoughts » (2) ennemis qui auraient l'audace de s'enfiler dans ce corridor... Tourne les yeux du côté que tu voudras, tu ne vois que forts et canons : qu'ils y viennent donc ! (3).

(1) Pour la même raison le chenal qui conduit au lac intérieur où se trouve Tunis porte le nom et la ville de *La Goulette*.

(2) Ce mot anglais d'un aspect quelque peu rébarbatif doit se prononcer « drède-note » et signifie le « Sans Peur ». C'est le nom d'un cuirassé de la flotte britannique, mais ce nom propre est devenu un nom commun, synonyme de cuirassé puissant. Les derniers cuirassés français sont des « dreadnoughts ». Ces monstres d'acier ont plus de 200 m. de longueur, jaugent 18 à 19.000 tonneaux et peuvent marcher à l'allure de 41 à 45 km. Chaque équipage compte plus de 800 hommes. Les projectiles que les canons peuvent lancer, à plus de 12 km., atteignent le poids respectable de 385 kilogrammes ! Le « Dreadnought » représente une masse telle qu'il se fût enlizé sur la terre où on le construisait, si les ingénieurs n'avaient pris soin de renforcer le sol en y plantant 1.000 pilotis de 12 m. de long, épais de 0 m. 30, dont les têtes furent réunies par des entretoises. Ce travail exigea l'emploi de 2.400 mètres cubes de bois. Un Dreadnought achevé représente quelque 50 à 60 millions de francs qui peuvent être engloutis en quelques minutes, même en pleine paix, comme la *Liberté* à Toulon ! (25 septembre 1911).

(3) Nous ne pouvons résister au plaisir de citer ici le beau sonnet de Ch. Fuster sur les *Veilleurs* du Goulet :

Sur le « Goulet » de Brest, où s'apaisent les lames,
Veillent, sans mouvement, de rudes compagnons;
Tandis que nous aimons et que nous épargnons,
Ils rassurent nos fils en défendant nos femmes.

Ces monstres accroupis se préparent aux drames ;
On leur pourrait donner de redoutables noms.
Ce sont tout simplement nos amis, les canons,
Et, comme les drapeaux, ces gardiens ont des âmes.

— Ils n'y viendront pas, père Lestrezec.

— Dans les temps passés, il paraît qu'ils s'y sont risqués, mais qui s'y frotte s'y pique, comme dit l'autre (1) et ça ne leur a guère réussi... Attention, les enfants ! Ne nous laissons pas prendre par les courants de la rivière de Landerneau...

— L'Elorn, n'est-ce pas ?

— Oui. Dans le temps on l'appelait *Dour-Doun* l'Eau profonde, avant que sir Elorn se fût jeté dedans... Une vieille histoire que je te conterai, tout à l'heure, après la manœuvre...

Vous pensez bien que Hoël n'eut garde d'oublier de réclamer l'histoire au père Lestrezec, qui décidément était de bonne humeur ce jour-là. Aussi tout en « pétunant » (2) avec une évidente volupté, s'exécuta-t-il de bonne grâce.

— Quand ça se passa-t-il ? Ma foi, je n'en sais trop rien, mais il y a de ça belle lurette, mon garçon. Enfin, n'importe. Toujours est-il que deux braves soldats qui arrivaient, pas à pied naturellement, en tous cas, pas à pieds secs, de l'autre côté de la mer, de la Cornouaille anglaise, passaient un jour, ou un soir, l'histoire ne le dit pas, sur les rives du *Dour-Doun* qui sert de limite, comme tu le sais...

Ils ne menacent point : provoquer leur déplaît ;
Mais qui voudrait forcer les passes du « goulet »
Changerait en fureur leur grave indifférence ;

Et, derrière eux, un sol tendrement nourricier
Travaille, — et ces bons chiens, pour protéger la France,
Braquent sur l'Océan leurs sombres yeux d'acier.

(1) Les Anglais profitant de la confusion produite par la lutte des maisons de Blois et de Montfort occupèrent Brest et plusieurs ports bretons (1342) et ne les rendirent qu'en 1397. En 1513 l'amiral Howard se présenta devant Brest avec 42 vaisseaux mais la vaillance des Brestois rendit inutile cette tentative. Une descente des Espagnols fut tout aussi vaine. En 1694 nouvelle attaque aussi vaine des Anglais repoussés, comme nous l'avons dit plus haut à Camaret. La « Compagnie Transatlantique » inquiète de la concurrence que lui font à Cherbourg les Compagnies allemandes, anglaises et américaines, songe à placer à Brest, à la pointe extrême du continent la tête de ses lignes de voyageurs.

(2) « Pétuner » fumer ou priser du tabac est un mot tombé en désuétude mais encore employé en Bretagne où le pétun est appelé *butun*. Pétun est le nom brésilien de la nicotiane tabac. « Nul ne pourra *pétuner* sur un navire, soleil couché, dit une ordonnance de 1634, sous peine d'être calé trois fois et battu devant l'équipage. »

— Comme je ne le sais pas plutôt, car je suis un bel ignorant, père Lestrezec. A Enez-Heussa je n'ai jamais mis les pieds à l'école.

— Tu t'en repentiras, mon garçon... Mais tu m'as interrompu : donc le *Dour-Doun* sépare le pays du Léon, de la Cornouaille. Tout à coup, voilà que du haut d'une tour d'un château perché sur un rocher abrupt, un homme se précipite et plouf ! fait un plongeon terrible dans la rivière. Les deux guerriers ne font ni une ni deux, plouf ! plouf ! ils plongent et ramènent le pauvre homme... qui était tout bonnement le seigneur du château... rien que cela !

On le rappelle à la vie, et il raconte que le pays de Léon est ravagé par un dragon monstrueux doué d'un appétit formidable et qui dévore bêtes et gens sans distinction. Aussi le roi de Brest, qui s'appelait Bristokus, avait-il fait avec la Bête un accord... relativement avantageux. Je dis relativement, car le Dragon se contentait d'un homme qu'on lui livrerait tous les samedis (1). Mais Bristokus s'arrangeait toujours pour désigner le seigneur Elorn, celui-là même qu'on venait de repêcher dans le *Dour-Doun !*

Le malheureux avait ainsi fourni au monstre tous ses vassaux, tous ses domestiques qui étaient de bonne composition, entre nous, et il ne lui restait plus que sa femme et son fils, Riok. Désespéré, il avait résolu d'en finir avec cette vie d'épouvante... Ses deux sauveteurs le rassurèrent et lui dirent :

— Nous vous débarrasserons de ce Dragon, à une condition.

— Laquelle ? Parlez vite ?

— Que Riok se fasse chrétien !

Elorn consent, et voilà nos deux braves qui arrivent au repaire du monstre dévoreur d'hommes. Oh ! l'affreuse bête ! Son corps long de cinq toises au moins (2) était gros par le corps comme un

(1) Cette légende bretonne ne rappelle-t-elle pas l'histoire du fameux Minotaure, enfermé dans le labyrinthe, en Crète et auquel les Athéniens devaient fournir annuellement un tribut de sept jeunes gens et de sept jeunes filles. Ce monstre fut tué par Thésée, dit la mythologie.

(2) La toise valait 6 pieds, soit : 1 m. 949.

cheval, sa tête ressemblait à celle d'un coq et en même temps d'un basilic, mais sa gueule était si grande que, d'une seule bouchée, une brebis y disparaissait. Malgré les écailles dures et épaisses qui le protégeaient, l'un des guerriers le blesse mortellement, et l'autre le lie avec son écharpe : c'était des saints apparemment...

— Peut-être saint Georges et saint Michel, père Lestrezec.

— Ça se peut bien. Le Dragon fut conduit par le jeune Riok lui-même à Bristokus qui fut bien content de cette capture. Si elle ne rendait pas la vie aux pauvres dévorés, elle épargnait un bon nombre de victimes tout de même. Riok se fit chrétien ; les deux vainqueurs repartirent pour l'Angleterre.

— Et le monstre ?

— Oh ! il eut son compte, lui aussi. Il était si bien dompté que sur leur ordre, il se jeta dans la mer au lieu appelé *Poulbeuzanéval* (le marais où fut noyée la bête) à la pointe de Ponturval que tu pourras voir si tu navigues au nord du pays de Léon. Et c'est pour cette raison, mon garçon, que la rivière de *Dour-Doun* s'appelle aujourd'hui *Elorn*, du nom du seigneur qui faillit s'y noyer, mais ne s'y noya point... Tout en bavardant, nous voici arrivés dans l'embouchure d'une autre rivière la *Penfeld,* sur laquelle Brest est à cheval ; sur la rive gauche Brest proprement dit, et, sur la droite, Recouvrance... Ne nous engageons pas par là nous irions au port militaire : aussi vais-je mettre le cap sur le port d'échouage...

— Qu'est-ce donc que ce pont que j'aperçois sur la rivière ? (1)

— Tu n'as donc jamais rien vu ? C'est une des merveilles du monde, l'ami, ou en tous cas, de l'Armorique. Il faut que tu ailles le voir quand tu seras à terre, il en vaut la peine, comme le château si hardiment planté sur ce rocher qu'on dirait un lion regardant

(1) Ce pont qui date de 1861 a été construit par l'ingénieur Oudry, a coûté 3 millions, et se compose de deux tabliers tournants se réunissant au milieu du bassin par deux énormes verrous en fer forgé. Chacune de ces volées pèse 750.000 kilog. et cependant quatre hommes et un quart d'heure suffisent à l'ouvrir et à le fermer. La longueur totale du pont est de 117 m., sa hauteur de plus de 20 m. au-dessus des hautes mers. Il se trouve dans l'axe de la rue la plus commerçante de Brest, la rue de Siam et de la grande rue de Recouvrance. Un pont flottant est accessible aux seuls piétons.

fièrement vers le Goulet et la grande mer... attention ! nous y voilà ! Brest ! Tout le monde descend...

. . . .

Brest, comme la plupart des ports bretons, est situé sur l'estuaire d'un petit fleuve côtier, la Penfeld, un filet d'eau douce, mais dont l'embouchure est un véritable bras de mer. A la fois port militaire et port de commerce, la ville donne en même temps l'impression d'une majesté calme, d'une grandeur sévère, d'une puissance souveraine. « Brest, a dit Michelet, c'est la pensée de Richelieu, la main de Louis XIV, la force de la France entassée au bout de la France : tout cela dans un port serré où l'on étouffe entre deux montagnes chargées d'immenses constructions. » Rien de plus exact : mais ajoutons que ces deux montagnes sont non de terre, mais de gneiss schisteux, et qu'il n'a pas fallu moins de deux siècles pour arriver à conquérir, par de larges et profondes excavations, l'espace nécessaire pour construire la plupart des établissements du port !...

Longtemps, le moussaillon Hoël, erra à travers les rues, les promenades, les quais de la ville, à la recherche de son patron, Corentin Languidic, sans beaucoup s'intéresser aux belles choses qu'il rencontrait. Il entra cependant dans l'église Saint-Louis, où une pierre tombale de marbre noir attira quelques instants son attention : il pensa que ce devait être au moins d'un amiral et, pour la première fois, il regretta de ne savoir pas lire. Or, c'était l'épitaphe du brave Ducouédic qui, en 1779, lutta avec la frégate *la Surveillante* contre la frégate anglaise du commandant Farmer, *le Québec* qui coula avec tout son équipage. Ducouédic ramena son navire désemparé et rasé à Brest, mais il succomba à ses blessures :

« Ici repose le corps de messire Charles-Louis Ducouédic de Kergoualer, chevalier de l'ordre royal et militaire de Saint-Louis, capitaine des vaisseaux du Roi, né au château de Kerguélénen, le

17 juillet 1740, mort le 7 janvier 1780, des suites des blessures qu'il a reçues dans le combat mémorable qui avait rendu le 6 octobre 1779, commandant la frégate de Sa Majesté, *la Surveillante*, contre la frégate anglaise *le Québec*. »

De même dut-il se faire expliquer ce que représentait ce canon long de 5 mètres érigé sur un piédestal de granit sur l'Esplanade du magasin général. Après avoir quelque temps rôdé autour de la grille de fer qui entoure ce monument étrange, il interrogea un gamin qui lui aussi s'était arrêté à le regarder.

— Vous ne savez donc pas lire, moussaillon? demanda-t-il à Hoël rouge de honte. C'est la *Consulaire* une pièce de canon fondue en 1542 par les Vénitiens et qui était au pouvoir des Algériens, lors du siège d'Alger par Duquesne (1) l'illustre Dieppois, en 1683. Le missionnaire Levacher était alors consul de France près du Dey. Celui-ci l'envoya vers Duquesne pour obtenir la cessation du bombardement après lui avoir fait promettre de revenir quelle que fût l'issue de sa mission. Duquesne refusa.

— Et le Consul revint?...

— Naturellement, puisqu'il avait donné sa parole ! Alors le Dey, furieux de l'insuccès de sa démarche, fit attacher le Consul à la gueule de ce canon...

— Vivant? Oh ! le monstre !

— Vivant ! Et lorsque le coup partit dirigé sur l'escadre française, les débris du malheureux vinrent tomber jusque sur les bateaux de Duquesne...

Mais ce qui attirait avant tout l'attention du petit Hoël marin jusqu'aux moelles c'étaient les ports, les quais, les môles, les digues, les musoirs, les jetées, les bassins, les sveltes torpilleurs, les mastodontes cuirassés, les vaisseaux-écoles, le *Borda* où se forment les officiers de marine, les navires d'autrefois aux blancs entassements de voiles, voisinant avec les élégants mais terribles croiseurs

(1) Voir *Le Secret de la Brèche-au-Diable*, le chapitre sur Dieppe.

modernes... Ah ! comme tout ce spectacle merveilleux ayant pour décor de fond les échancrures pleines d'une majesté sévère des falaises bornant la rade, l'intéressait plus que la statue d'Amphitrite, déité de l'Océan, que les promenades, fût-ce le cours Dajot dont les Brestois sont si fiers, et qui s'orne des froides allégories du sculpteur Coysevox du XVIIe siècle, représentant l'*Abondance* et *Neptune !* Eh ! que lui importe ces dieux de la mythologie grecque qui ont la prétention de symboliser la mer ! N'a-t-il pas mieux sous les yeux depuis qu'il est au monde ? N'a-t-il pas la mer elle-même toute de beauté et d'épouvante, assez pleine de poésie sans avoir besoin de se déguiser de la sorte?...

Cependant, il ne trouvait pas le patron Corentin Languidic, auquel il était recommandé. On le renvoyait d'un bateau à un autre, d'un quai à une ruelle, toujours avec le même insuccès. Et il commençait à désespérer de voir ses recherches aboutir, quand, apitoyé sans doute par son air navré, un marin, une sorte d'hercule, lui tape amicalement sur l'épaule.

— Que cherches-tu donc, petit, le nez en l'air ?... La lune de Landerneau ? (1) Ne la vois-tu pas qui se lève dans le ciel ?...

— Non, répond naïvement Hoël, ce n'est pas la lune de Landerneau, ni celle de Brest, que je cherche, puisque la voilà !...

— Ce garçon ne m'a pas l'air d'avoir inventé la poudre... insecticide ! murmure l'athlète à l'oreille de son compagnon. Il fera fort bien notre affaire... Laisse-moi mener ma barque... il montera

(1) *Landerneau* est une ville de près de 9.000 âmes sur l'Elorn que dominent de gracieux coteaux boisés. Sa situation est importante au carrefour des routes de Morlaix, de Carhaix (la patrie de La Tour-d'Auvergne, *premier grenadier de France*), de Quimper, de Lesneven et de Brest.

Landerneau est moins connu par ses manufactures de toiles pour le commerce et la marine et ses industries diverses que par sa *lune* et ses *cancans*. On raconte en effet qu'un gentilhomme de Bretagne, reçu à la cour de Louis XIV, à Versailles, ne fut nullement ébloui de ses splendeurs. « La lune de Landerneau, dit-il avec flegme, est bien plus grande que celle de Versailles ! » Or il voulait parler, mais ce n'est pas ainsi qu'on l'interpréta, non du satellite de la terre mais d'une girouette du clocher de Saint-Houardor, représentant une lune de cuivre ! Quant à l'expression *il y aura du bruit dans Landerneau* elle doit son origine, dit-on, au charivari que des musiciens improvisés faisaient avec des grils, casseroles, pincettes, etc..., devant les maisons des veuves qui convolaient en secondes noces.

dans le bateau. Alors, reprend-il en s'adressant au moussaillon, que fais-tu par ici ?

— Je cherche Corentin Languidic, le patron de la *Reine des Anges* qui pourra peut-être me prendre comme mousse.

— Comme le hasard fait bien les choses !... Corentin Langoustic... non... ce n'est pas cela... comment dis-tu ?

— Languidic ! Lan-gui-dic !

— Penses-tu me l'apprendre !... Languidic, nous l'appelons entre nous Langoustic, histoire de plaisanter, est mon ami d'enfance et je vais de ce pas le retrouver.

— Ah ! Monsieur, si vous vouliez me conduire à lui, comme je vous en serais reconnaissant !

— Ça, c'est un service qu'on ne refuse pas, même à un moussaillon. Allons, tricote des jambes, nous allons rejoindre ce loustic de Langoustic au cabaret de *La Mâture*... en face d'une bolée de cidre ou d'une tassée de « gwin ardân »...

. . . .

Que se passa-t-il dans la salle basse du bouge de *La Mâture* enfumée, empuantie par les lampes à pétrole, les relents de l'alcool, les nuages sortant des pipes ? Hoël, le pauvre Hoël ne s'en souvient plus... Il sait seulement qu'il a bu beaucoup de cidre mêlé à de l'eau-de-vie, et que, petit à petit, il lui a semblé que les fumées de la salle entraient dans son cerveau... Puis un trou noir dans ses souvenirs... Il lui semble vaguement qu'un air plus frais lui fouette le visage. Dort-il ? Est-il éveillé ?... On dirait maintenant qu'on le hisse en l'air !... Est-ce drôle !... A nouveau, une lacune...

Allons, cette fois, il est bien éveillé. Comment se trouve-t-il couché sur ce matelas de goémon, dans cette grotte !

— Où donc suis-je ?

— Dans le « Trou-de-l'Enfer » mon garçon !

— *Ma Doué ! Ma Doué !...*

— Le bon Dieu n'a que faire ici, moussaillon ! Tu es, pour quelque temps cuisinier chez les diables... qui, tu le verras, au fond, sont de bons diables... si on leur obéit au doigt, à l'œil... et au bâton!

— Chez les Diables! Au « Trou-de-l'Enfer » ! s'exclame Hoël en se signant... Jésus, Marie, saint Joseph, ayez pitié de votre humble serviteur!

— Mais oui, mais oui, tu seras notre humble serviteur... Visite la maison, elle est vaste et aérée... Ah! ça ne sent pas le renfermé là-dedans!... Penche-toi par la fenêtre... Attention! il n'y a pas de gardes-fous!... S'il te prenait envie de te sauver d'ici, ne te gêne pas... tu n'as qu'un saut de quatre-vingts pieds à faire pour être libre!... Mais tu ne seras pas assez sot pour faire ce saut, hé?... Attends: tu es chez des gens du monde, n'est-ce pas?... Je te présente mon ami Mohammed Sidi Ben Meckhnèz et son ami, qui est bibi lolo, pas de Saint-Malo, mais de Sein tout court, Nicolasik sans autre nom... Et toi, moussaillon, marmiton, récure poêlon? Quel est ton nom?

— Hoël Le Fantec... d'Enez-Heussa.

— Le Fantec... Le Fantec?...

— Oui le fils d'Yves Le Fantec. Vous l'avez connu?

— Trop!... Mais maintenant qu'il est mort!...

— Mort? Je l'ai quitté hier bien vivant!... On l'a cru mort, mais il est revenu chez nous à Ouessant...

— Vivant!... Diable! diable! Ça pourrait devenir grave...

— Vous dites?

— Rien qui te regarde... Va-t-en à la cuisine... et plus vite que ça, drôle!

Et Nicolasik avait une figure si méchante que le petit Hoël ne se fit pas répéter deux fois l'injonction.

— Le Fantec vivant! dit à voix basse Sidi Ben Meckhnèz à son complice. Il pourrait nous dénoncer... Il faudra le retrouver.

— Oui, mon poignard a deux mots à lui dire... pas très longs...

assez, cependant ! Nous avons eu la main heureuse en ramenant ici le fils de cet imbécile... La fortune nous favorise !...

— Comme tous les gens vertueux !

Et les deux naufrageurs éclatèrent de rire... Ben Meckhnèz continua :

— Par la barbe du prophète ! Tu fus bien inspiré hier d'aborder sur les quais de Brest cet espèce d'Ostrogoth... Sans lui... et sans toi... nous courrions les risques...

— De voir les gendarmes faire une descente en notre gratte-ciel, au vingt-cinquième étage ! Il n'est pas si facile en vérité d'y accéder en ce Trou-de-l'Enfer qui eût mieux été nommé « l'Œil du Paradis », vu sa situation plus voisine du ciel que du royaume de Satan... Mais un homme averti en vaut deux... deux hommes avertis en valent cent... quand ils sont de notre trempe. Qu'en dis-tu, Sidi Bouff Frichti ?

— Je dis... je dis... que Le Fantec a été bien maladroit de ne pas se laisser noyer sur l'épave de l'*Austria*... Il a la vie trop dure cet olibrius-là !...

— On la ramollira, mon vieux Touareg de l'Océan !

Et à nouveau, des rires sonores se répercutèrent contre les voûtes de la merveilleuse caverne du *Trou-de-l'Enfer*, pendant que dans une grotte voisine, silencieusement pleurait le petit Hoël Le Fantec en songeant à sa mère et à son père...

Chaos du moulin, à Huelgoat.

CHAPITRE VI

VI

Le château des Poulpiquets. — Pays de misère et de poésie. — Villages d'autrefois et d'aujourd'hui. — Les pardons se modernisent. — Effet de nuit. — Le pays des bois. — Dans la forêt de Brocéliande : une apparition. — Les Fées de Bretagne. — Viviane ! Viviane !

— Mais pourquoi donc, mamma, les petits Korrigans ne viennent-ils plus au service des pauvres gens, comme autrefois? Ne serait-ce pas bien agréable pour nous d'avoir une armée de domestiques pour allumer notre feu, préparer notre soupe et raccommoder nos hardes? Moi, je regrette bien de ne jamais rencontrer ces Poulpiquets dont tu m'as si souvent conté l'histoire, mamma... Oh ! non pas tant parce qu'ils m'épargneraient de la peine...

— Non, ça c'est bien vrai, Toussaint ; pour être paresseuse, tu n'es pas paresseuse, chère petite, et je suis bien heureuse de t'avoir auprès de moi, dans ce rude voyage que j'ai entrepris... pour le sauver, lui, le pauvre homme ! *Ma Doué ! Ma Doué !* quel malheur !... Tu vois il est heureux, lui, il chante... Tu disais, chère mignonne?

— Que je serais bien heureuse, mamma, de faire la connaissance de ces bons génies qui courent et dansent la nuit dans les bois et dans les landes... Il me semble que je m'entendrais bien avec eux et qu'ils pourraient peut-être rendre service... à papa... le guérir, qui sait ?... Regarde-le, mamma, à côté de la *Pierre branlante* (1) il danse... ne croirait-on pas qu'il les voit lui, les Cornicouets, qu'il cause avec eux et qu'il mène la ronde que nous ne pouvons voir, nous ?

— Cela pourrait bien être, petite Toussaint; ceux qui sont dans le même état que lui entendent et voient ce que nous ne voyons ni n'entendons. Le bon Dieu leur fait cette faveur de comprendre ce qui est incompréhensible pour le reste des humains, la voix des bêtes, le langage des oiseaux... Quant aux Korrigans s'ils ont disparu ou presque, voici pourquoi :

« Il y a longtemps de cela ! les Poulpiquets s'étaient emparés de la vallée de Goël. Dès que le soleil était tombé à l'horizon, et que les cornes des bergers avaient rappelé les troupeaux aux étables, personne n'osait plus se hasarder dans le val, car les Hommes Noirs étaient là qui dansaient.

Un soir, cependant un journalier et sa femme oubliant la chose, passèrent près du *Château des Poulpiquets*.

— Oh ! mamma, comme j'aurais voulu le voir !

— ... et tombèrent au milieu de la danse.

Aussitôt qu'ils les aperçurent, les petits nains firent un grand rond autour d'eux et se mirent à pousser des éclats de rire si aigus qu'on les entendit du village de Coat-Meur.

(1) Au sud de la *montagne d'Arrée*, dans le Finistère, à quelques pas de la chaussée de l'étang de *Huelgoat*, un petit village entouré de collines pittoresques, se trouve la plus belle *Pierre branlante* de la Bretagne. Elle est posée en équilibre sur le sommet d'une autre pierre adhérente au sol. Longue de sept mètres, large de cinq mètres et demi, épaisse de près de quatre mètres et demi elle a un poids d'au moins *cent mille kilogrammes* et, cependant, il suffit de placer la main à certain endroit pour lui imprimer des oscillations très sensibles, sans grand effort. Toute cette région est couverte de grosses pierres arrondies, comme d'énormes galets placés dans les positions les plus étranges, semblant prêts à tomber mais en parfait équilibre cependant.

Le journalier et sa femme se crurent perdus. Déjà leurs genoux tremblaient et ils recommandaient leurs âmes à Dieu, lorsqu'ils entendirent tout à coup les Poulpiquets chanter en chœur :

Lez hi, lez hou,
Bas en arer zo gant hou;
Lez hou, lez hi,
Bas en arer zo gant hi.

Laisse-le, laisse-la ;
Le bâton de la charrue est avec elle;
Laisse-la, laisse-le,
Le bâton de la charrue est avec lui.

En effet, le journalier, portant le bâton à petite fourche qui sert à nettoyer la charrue, ne savait trop encore ce que signifiait ce chant, lorsqu'il vit la chaîne des Korrigans se rompre, et ils lui ouvrirent un passage, ainsi qu'à sa femme, pour leur laisser continuer leur route.

Le bruit de cette aventure se répandit dans le pays ; et, depuis ce temps, on put impunément assister aux danses des Cornicouets, pourvu qu'on eût avec soi le bâton de la charrue.

— Tu m'en procureras un, dis, mamma ?

— Attends la fin de l'histoire, mignonne. Ce bâton ne te servirait plus de rien aujourd'hui... Deux tailleurs y allèrent par curiosité ; et pendant qu'ils regardaient, l'un dit à l'autre :

— Dis donc, Péric, toi qui prétends être sorcier (1), toi qui sais la langue des vaches et des oiseaux, ferais-tu bien une ronde avec ces petits démons-là ?

— Pourquoi pas, répond Péric ; et toi, Ian ?

— Moi, j'irais leur prendre, s'il le fallait, le petit bissac qu'ils ont sur l'épaule pour voir s'il ne s'y trouve vraiment,

(1) Les tailleurs et les cordiers ont mauvaise réputation en Bretagne — ou plutôt *avaient* — et autrefois on ne prononçait jamais leurs noms sans les faire précéder de l'épithète *caqueux* qui est à peu près synonyme de sorcier, d'êtres ayant des accointances avec le monde des démons.

comme on le dit, que du crin, des poils et une paire de ciseaux.

— Eh bien, tirons au sort à qui ira le premier.

— Soit.

Les deux tailleurs tirent au sort, et Péric est désigné... Or, Péric était un petit bossu à crinière rouge, malin comme un écolier, gourmand comme un enfant de chœur, et n'ayant pas plus peur du diable que ne doit en avoir un tailleur.

Il s'avança donc vers les Cornicouets, tira bien poliment son chapeau, se rentra le cou dans sa bosse pour se donner un air agréable, et leur demanda fort poliment la permission de prendre part à leur danses.

— Volontiers, crièrent les petits hommes.

Ils élargirent leur cercle pour faire place à Péric, et commencèrent à chanter en tournant rapidement :

Di-lun, Di-meurz, Di-mercher !
Lundi, mardi, mercredi.

« Voilà un chant qui ressemble au traquet du moulin, dit Péric en lui-même ; c'est toujours la même chose ; quand on y ajouterait, il n'y aurait pas de mal. » Et il saisit le moment où les Cornicouets prononçaient le mot de *di-mercher* pour ajouter d'une voix claire :

Di-riou a di-guënuer !
Jeudi et vendredi.

Mat ! Mat ! (Bien ! Bien !) hurlèrent les nains en précipitant leur élan et jetant de longs cris de joie. Puis, comme saisis d'un mouvement d'amitié et de reconnaissance, tous entourent le petit bossu et lui disent :

— Que veux-tu, tailleur ? Que veux-tu de nous ? Beauté, honneurs ou richesse, tu auras ce que tu demanderas.

— Ce que je demande, dit Péric en riant, c'est que vous aplanissiez, s'il se peut, la montagne que je porte sur mes épaules.

— Bien, bien, répétèrent les Cornicouets, et saisissant aussitôt Péric, ils le lancèrent dans les airs, se le renvoyèrent comme une balle jusqu'à ce que le petit homme, étourdi et rompu, retombât sur ses pieds, beau et leste, avec le dos le plus uni et des cheveux noirs bouclés ruisselant sur ses épaules.

Il se hâta de retourner vers son confrère, qui ne fut pas peu surpris de cette métamorphose, et à qui il raconta tout ce qui lui était arrivé.

Ian, enhardi par le succès de l'ex-bossu, s'empressa de se rendre dans la vallée du Goïl au moment de la danse des Poulpiquets, et il leur demanda la permission de prendre place dans leur ronde.

Les Poulpiquets consentent, et voilà que le branle commence avec le chant accoutumé, accru des deux mots qu'y avait joint Péric.

Di-lun, di-meurz, di-mercher
Di-riou a di-guënuer.

« Parbleu, pensa Ian, il faut que j'ajoute aussi, moi, quelque chose pour qu'ils me fassent politesse comme au bossu. » Et, d'une voix éclatante il se mit à crier :

Di-sordreu a di-sul !
Samedi et dimanche.

Les Poulpiquets s'arrêtèrent en jetant de grands cris.

— Oh ! oh ! oh !

— *Di-sordreu a di-sul,* répéta Ian.

— Oh ! oh ! oh !... Après ? Après ?

— *Di-sordreu a di-sul !*

Tous entourèrent le tailleur avec impatience.

— Après ? Après ?

— *Di-sordreu a di-sul !* crie encore une fois le tailleur.

Les Cornicouets n'en attendirent pas davantage.

— Que veux-tu? Que veux-tu? Honneurs, richesse, beauté...

— Je veux la richesse.

— Eh bien, voilà! crièrent les petits nains; et, le saisissant, ils le lancèrent en l'air comme Péric, le ballottèrent, le rattrapèrent pour le lancer de nouveau, Ian n'en pouvait plus; il criait :

— Grâce! Grâce!

— Sors! dirent les Cornicouets; tu as la richesse que tu mérites!

Le tailleur se trouva debout. Mais, horreur!... il sentit sur ses épaules l'infirmité dont Péric avait été délivré : il était bossu, et une hideuse crinière rouge tombait par mèches sur son front et ses joues. Il s'enfuit furieux et épouvanté.

— Mais pourquoi donc, mamma, les petits Korrigans se sont-ils montrés moins bienveillants à l'égard de Ian qu'à l'égard de son camarade?... N'avait-il pas comme lui, ajouté deux noms de jour à leur chanson... un peu monotone?

— Depuis, on a su pourquoi les Poulpiquets s'étaient montrés si vindicatifs à son égard; quand il avait prononcé les mots de *di-sordreu a di-sul*, les petits hommes noirs avaient cru qu'ils touchaient à l'instant de leur délivrance, car ils sont condamnés à danser ainsi toutes les nuits autour des pierres druidiques jusqu'à ce qu'ils aient trouvé un homme qui se soit mêlé à leur ronde et qu'il répète après les noms de tous les jours de la semaine :

A cetu echu ou sigun!
Et voilà la semaine finie!

Un instant, ils avaient cru que Ian allait remplir cette condition et les délivrer, mais, quand ils avaient vu qu'il s'arrêtait en chemin, le dépit, le désappointement les avaient rendus furieux et ils s'étaient vengés sur le pauvre tailleur.

Depuis, quelque autre plus heureux a ajouté au chant les paroles voulues, et c'est ce qui fait que les Cornicouets ne

Notre-Dame-de-Confort, à Châteaulin.

paraissent plus dans nos vallées, et que celle de Goïl spécialement en est délivrée... »

— C'est bien dommage, mamma !

. . . .

Nos lecteurs n'ont eu aucune peine à reconnaître dans les trois personnages que nous venons de leur présenter, *Ar Zod*, le Fou, l'infortuné Le Fantec dont la démence est toujours aussi douce, mais hélas ! aussi tenace, sa femme Rozennic que ne désespèrent point les insuccès de sa pieuse et naïve foi religieuse, et la dernière survivante de l'*Austria* qu'a sauvée le naufrageur, redevenu l'honnête homme grâce à sa belle action.

On l'a baptisée, la petite épave humaine, et comme elle est arrivée à Ouessant le jour de la fête de la Toussaint, on l'a appelée Toussaint. L'adorable fillette ! Son teint paraît plus mat sous les boucles épaisses et noires de sa chevelure, et ses yeux profonds reflètent à la fois la candeur grave de son âme et une sorte de vague réminiscence de paysages exotiques et colorés si différents de la grisaille bretonne. D'une extraordinaire intelligence, la petite Toussaint en quelques mois a appris assez de mots bretons pour pouvoir converser avec ceux qui l'ont recueillie et comprendre leurs entretiens familiers.

De son existence passée, elle n'a gardé que de très vagues souvenirs : un pays ensoleillé, des arbres toujours verts, des fruits savoureux, une maison toute blanche, des arcades, des jets d'eau versant dans les jardins fleuris une douce fraîcheur... Une langue sonore musicale bien qu'un peu gutturale, que personne ne comprend, mais que, de jour en jour, elle oublie un peu plus... Elle a été très gâtée par ses parents, mais jamais n'a vécu avec eux dans l'intime affection qui lie tous les membres de la famille française... Pauvre petite ! Elle a mieux connu les esclaves qui la servaient que sa mère ou son père !...

Malgré le brusque changement de situation où l'a jeté le naufrage du paquebot l'*Austria* sur lequel elle voyageait avec ses parents, elle s'est faite rapidement à la rude vie qu'elle mène : sa robuste constitution permet à cette enfant de sept ou huit ans de supporter les fatigues, les privations, la chaleur et le froid ; sa gaîté naturelle lui fait accepter d'un cœur léger, d'un visage souriant, la longueur des dures étapes et toutes les inclémences de la nature... et parfois des hommes au cœur dur...

Le bateau qui emportait hors de l'île de l'Epouvante les trois pèlerins du *Trô-Breiz* du Tour de Bretagne les avait conduits et débarqués à Douarnenez, où *Ar Zod* comptait nombre de parents et d'amis que peina fort son infirmité mentale : aucun d'eux ne songea certes à rire de ses divagations ou de ses inoffensives excentricités, le fou, en Bretagne, est entouré d'une commisération respectueuse, mêlée d'un peu de crainte du surnaturel, il faut bien le dire.

De Douarnenez, tous trois se sont enfoncés dans la dépression centrale comprise entre les monts d'*Arrée* au Nord (les monts de la Séparation) et la *Montagne Noire* au Sud, et dans laquelle s'allonge le seul fleuve côtier de la Bretagne à qui la configuration physique de la péninsule armoricaine permette de se développer sur un parcours raisonnable, l'Aulne ou *rivière de Châteaulin* (1). Entre ces deux bandes cristallines aussi noires l'une que l'autre et que la précipitation des pluies, l'érosion ont réduites de 1.500 mètres à 300 mètres à peine d'altitude, rides de granit, de graviers, de landes, d'ajoncs, de tourbières sans villages et presque sans habitants, s'étend la *Bretagne intérieure*.

(1) *Châteaulin* est avec Morlaix, Brest (la ville la plus importante du département : 85.000 habitants) et Quimperlé une des sous-préfectures du Finistère. « Des prairies, quelques montagnes shisteuses bizarrement découpées; les restes du château (*Castel Nin — Castellin — Châteaulin*) qui se dressent au-dessus de la rivière ; une multitude d'arbres, peupliers et chênes, heureusement mêlés à de beaux tapis verts, à des rochers dont les angles aigus font saillie au milieu de la verdure et au pied desquels s'ouvrent des antres profonds, donnent à Châteaulin une physionomie particulière. » Châteaulin était célèbre autrefois par ses pêcheries de saumon qui ont été sacrifiées à la canalisation de l'Aulne. Le *Canal de Nantes à Brest* part de Nantes, se confond avec l'Erdre qu'il joint à la Vilaine, de là passe dans l'Oust (affluent de la Vilaine), rejoint le Blavet et de là l'Aulne. Très imparfait avec des écluses sans longueur ni largeur, il sert presque uniquement à apporter la chaux destinée à amender les terres granitiques de la Bretagne intérieure.

Pays plus pauvre encore que la zone littorale du Nord ou du Sud, où la vie est presque exclusivement rurale : accusez-en la pluie « la pluie bretonne, la pluie lente, tiède, intarissable, patiente comme le sol breton lui-même » qui imbibe la roche pourrie et fait partout suinter les ruisselets à travers les bruyères. Le sol argileux constamment détrempé, les marécages et l'inondation des vallées, maintenant encore sillonnées de chemins effroyablement boueux, rendent les communications difficiles même d'un village à l'autre, arrêtant tout « voisinage » et partant, tout échange d'idées. L'isolement imposé par la nature a marqué son empreinte profonde sur le mode de vie des habitants et a contribué à maintenir chez les Bretons ce caractère de mélancolie et de taciturnité, cet attachement aux traditions et aux vieilles mœurs qui frappent tous ceux qui les approchent.

Et malgré tout, cette Bretagne intérieure, d'aspect rébarbatif et sombre, est pleine de frais paysages et de surprises enchanteresses, véritables oasis dans ces déserts d'argile et de pierres. Dans les rares maisons qu'ils rencontraient sur les routes, les routes interminables de cette région de dure et froide originalité, nos trois pèlerins trouvaient toujours bon accueil, maigre chère peut-être, mais sympathie. Que leur importait de manger la soupe dans des écuelles creusées dans la table même, ainsi qu'il leur arriva de le faire, dans plusieurs fermes des Montagnes Noires (1) ? n'était-ce pas encore préférable aux repas, et quels repas ! improvisés en plein air, au-dessus d'un brasier fumeux qu'éteint le brouillard ou que disperse la rafale ?

(1) Cette dépression centrale de la Bretagne n'est pas partout aussi misérable. On peut y distinguer deux bassins qui semblent se tourner le dos : à l'Ouest, le *bassin de Châteaulin* et le *bassin de Rennes* séparés par le seuil boisé du *plateau de Rohan* (forêt de Paimpont, 255 mètres). Les deux bassins de Rennes et de Châteaulin sont des foyers de concentration relative grâce à leur fertilité, tandis que le plateau de Rohan et le versant intérieur des deux murailles sont un pays pauvre où la population est beaucoup plus clairsemée. *Loudéac, Pontivy, Josselin, Ploërmel, Malestroit, Redon* et *Châteaubriant* sont de pauvres marchés agricoles situés à l'intersection des routes et des cours d'eau et pour la plupart au pied des vieux châteaux forts. La densité devient plus grande à l'Ouest avec *Châteaulin*, à l'Est avec *Rennes* (76.000 hab.) située au croisement de voies ferrées. Enfin à l'écart, sur la basse Loire se trouve un groupe industriel et semi-maritime comprenant *Ancenis, Nantes* (154.000 hab.), *Chantenay*, *Paimbœuf*, *etc.*

Ils allaient, un peu au hasard des renseignements et des routes, vers le but certain cependant, rencontrant toutes les formes d'habitat qu'offre la Bretagne, presque jamais de villes, parfois un bourg, le plus souvent le groupement désordonné des maisons éparpillées composant le village, et enfin les fermes isolées.

Tous semblables, ces villages de la Basse Bretagne, toutes pareilles les maisons, toutes les mêmes les fermes. Qui a vu un village, une maison, une ferme en a vu cent, en a vu mille. « La maison rurale est toujours très humide au rez-de-chaussée, et la construction d'un étage semble une nécessité d'hygiène et de bien-être. Aussi l'étage accompagne partout les constructions neuves, excepté dans quelques pays pauvres et sur d'assez nombreux points de la côte où les pêcheurs n'ont pas assez de ressources pour construire grand. Il est si vrai que l'étage est un signe de bien-être croissant, qu'on loge les domestiques au rez-de-chaussée et les maîtres au premier. C'est pourquoi, suivant la date de plus en plus récente des constructions on peut suivre la transformation du grenier en étage. Celui-ci n'est d'abord qu'une sorte de soupente au plafond bas, avec fenêtres-lucarnes extrêmement petites. Peu à peu les plafonds se haussent, les fenêtres s'agrandissent et se multiplient, l'air et la lumière commencent à entrer, au rez-de-chaussée comme à l'étage. A la vérité, les ouvertures des bâtiments neufs sont encore trop étroites, cependant il y a progrès. » (C. VALLAUX.)

Quant au village c'est un beau désordre de maisons flanquées de petites granges, de crèches et d'appentis très bas, autour d'une sorte de place publique appelée le *placitre,* boueux presque en toutes saisons, bosselé de grosses pierres, de souches coupées au ras du sol, de boursouflures, ou creusé de fondrières. Du placitre partent des chemins d'abord étranglés entre les maisons, posées tout de travers au point de livrer à grand'peine passage à une voiture cahotant dans les précipices des ornières (comme celle que conduit le charretier embourbé dont parle La Fontaine) et dont les moyeux s'éraillent sur les aspérités des blocs de granit grossièrement taillés et superposés souvent sans avoir été rejointoyés à la chaux ou au ciment, formant les murs des habitations. Puis ces défilés étroits s'élargissent en éventail jusqu'à 30 et 40 mètres de largeur, avant de se perdre dans la lande à la sortie du village. Ce sont les *issues*...

Si la ferme est isolée, elle a son chemin spécial, de boue ou de poussière, suivant la saison, qui s'embranche sur une route, sa cour encombrée du fumier sur lequel piaille la volaille, son *courtil* ou jardin potager, ses ouvertures rares et étroites, ses toits en pentes raides, ses portes entourées d'un plein cintre de robustes pierres donnant l'illusion d'un petit château féodal...

— Pour l'amour de Dieu et de ses Saints ! Ayez pitié des pauvres pèlerins ! *Ave, Maria !*

Rozennic, en même temps, pousse la porte, et c'est toujours le même tableau d'intérieur qui s'offre à ses yeux : l'unique et immense pièce du rez-de-chaussée, qui sert à la fois de cuisine, de salle à manger, de salon et de chambre à coucher. Dans la cheminée colossale qui à elle seule est une pièce dans la pièce, flambe le feu d'ajoncs ou grésille la galette de bouse de vache et de bruyère, l'économique briquette de maints pays bretons (1)... Et aux lueurs des flammes dansantes reluisent les boiseries des lits clos comme des armoires, les bahuts massifs, le vaissellier sur lequel brillent plats, assiettes et pichets aux naïves et criardes enluminures, les bancs et la table faite pour recevoir sans fléchir des coups de poing de géants.

— Approchez-vous du foyer, pauvres gens, et réchauffez vos membres engourdis... Qu'elle est mignonne cette petite créature du bon Dieu ! Gaud, fais vite quelques crêpes de sarrazin de plus... Viens, trésor, n'aie pas peur...

(1) De même dans le désert où manque le bois à brûler on se sert comme combustibles des noyaux de dattes ou de la fiente du chameau.

Et Toussaint, sans gêne ni effronterie, traverse la grande salle rarement planchéiée, presque jamais carrelée, car le carreau coûte trop cher, le plus souvent de terre battue, avec des inégalités traîtresses, des flaques d'eaux croupissantes et des monceaux de détritus de cuisine, puis vient s'asseoir sur le banc de pierre lustré, dans la cheminée, à côté des enfants de la maison, des domestiques. C'est de tradition : homme, femme, enfants, serviteurs, même lorsque des cloisons de planches non enduites de plâtre partagent le rez-de-chaussée en plusieurs pièces, tous vivent et mangent dans la cuisine, y couchent même lorsque l'étage fait défaut.

— Et vous venez de loin comme ça ?

— De la chapelle de Saint-Côme sur le *Méné-Hom* (1)...

— Et vous allez sans doute au pardon de *Notre-Dame de Rumengol ?*

— Oui. Puisque c'est la Dame de Tout-Remède (*Remed oll d'où, par altération, Rumengol*), je veux la prier afin qu'elle rende la raison à mon pauvre mari...

— Oui, c'est dommage... à son âge et solidement bâti comme il est, quel marin il devait être ! Que la pitié des Sept Saints de Bretagne soit sur lui et le guérisse du mauvais mal !

— *Amen !*

. . . .

(1) Le *Méné-Hom* qui culmine à 330 mètres, est le plus haut sommet de la Montagne Noire, de même que le Mont *Saint-Michel-de-Brasparts* est le point culminant, avec ses 391 mètres d'altitude, de la montagne d'Arrée et de toute la Bretagne. Les montagnes bretonnes, à côté des Alpes ou des Pyrénées, ne sont que de modestes taupinières, humbles aussi au regard des monts de l'Auvergne, du Jura et des Vosges. Et cependant elles donnent l'impression d'être des montagnes, un peu comme le mont Cassel ou le mont des Cats dans la Flandre (Voir « *Le Petit Contrebandier* ») parce qu'elles voisinent avec la mer ou s'élèvent au-dessus du plat pays. Du sommet du Méné-Hom on découvre dans un panorama grandiose la rade de Brest et la baie de Douarnenez que sépare la presqu'île de Crozon. « Aux environs de la chapelle Saint-Michel bâtie sur le *Saint-Michel-des-Brasparts*, la terre se dépouille d'arbres et de buissons ; elle n'est plus couverte que de bruyères et de rochers brisés par les orages ou décomposés par le temps. Tout prend un caractère sauvage, un air de mort ; c'est l'aspect d'un vaste désert dont rien n'égaye ou ne varie la longue et fatigante uniformité. Les derniers villages, les derniers champs forment des ilots séparés entourés de rochers, d'une espèce de tourbe, d'une terre marécageuse et noirâtre, résultat de bruyères corrompues, accumulées pendant des siècles... Ce sont les marais de Saint-Michel remplis de fondrières : une croûte, verdoyante à la surface, recouvre leur fond bourbeux, nommé *ioudic* (petite bouillie) où disparaissent parfois bestiaux et bergers... »

Quelques jours plus tard, nos trois pèlerins arrivaient à Rumengol, le petit village voisin de la rivière du Faon qui sépare l'arrondissement de Brest de celui de Châteaulin. Routes et chemins, sentes et landes étaient sillonnés de pèlerins se rendant à l'église et à la fontaine de Notre-Dame-de-Tout-Remède, accessoire obligé de tout lieu de pèlerinage, en Bretagne. Original défilé où les trois pèlerins trouvèrent réunie l'infinie variété des pittoresques costumes bretons différant d'une commune à l'autre par la forme, la couleur, l'ornementation, le nombre, la grandeur ou l'éclat des boutons, où les petits garçons avec leurs larges braies, leur *bragoubras,* leur grand chapeau à rubans de velours flottant, leur habit à larges basques ou leur veste s'arrêtant à la ceinture, coudoyaient sérieusement plaisants, les fillettes qui semblaient affublées d'un déguisement théâtral : jupe courte, corset garni, bas à coins et petits souliers !...

Le temps n'est plus où l'on menait les chevaux ouïr la messe comme à Saint-Éloi, près de Landerneau ou les vaches recevoir la bénédiction (1) qui leur devait donner une vigueur surnaturelle !

(1) C'est naturellement, par une sorte de jeu de mots naïf, saint Cornély qui est le patron des bêtes à cornes. Le poète Brizeux regrettait déjà dans son poème *Les Bretons* la disparition de ces pieuses églogues :

Aujourd'hui, Cornély, c'est votre jour de fête !
Votre crosse à la main et votre mitre en tête
Des hommes de Carnac vous écoutez les vœux,
Majestueusement debout entre deux bœufs,
Bon patron des bestiaux !...
Mais les bœufs, les taureaux, les vaches au poil roux,
Hélas ! ne viennent plus défiler devant vous !...
Notre pays s'en va ! Tout décline, tout passe !...
... Parés de fleurs, de feuillages et d'épis
Les bœufs au large cou, les vaches au long pis
Arrivaient par milliers ; et, toute une semaine,
Leur cortège tournait autour de la fontaine.
Comme saint Cornély, cet ami des bestiaux,
Eloi, dans ce temps-là protégeait les chevaux ;
Saint Hervé les sauvait des loups ; et sur leurs couches,
L'été, grâce à saint Marc, ils défiaient les mouches.
Alors l'homme souffrant avait un aide, alors
Les animaux étaient plus heureux et plus forts,
Car tous avaient leurs saints, leurs protecteurs, leurs fêtes.
Tous vivaient confiants, les hommes et les bêtes ;

Beaucoup plus rares aussi se font les dévots (car les dévotes y sont nombreuses encore) qui se rendent aux Pardons de Rumengol pour boire l'eau miraculeuse de la fontaine sacrée ou y faire, sans grand souci de l'hygiène, leurs ablutions ou le lavage de leurs plaies. Cependant le pèlerinage de Notre-Dame-de-Tout-Remède est, avec le Pardon de Saint-Jean-du-Doigt dont nous avons parlé plus haut, l'un des plus en vogue de nos jours et le plus justement remarquable par l'étalage de toutes les infirmités les plus horribles à voir qu'y étalent les mendiants, les vrais ou les faux estropiés.

La lande se couvre, tel un champ de foire, de tentes abritant des marchands de fruits, *gatteaux-cuirs,* de petits pains blancs (on n'en mange pas tous les jours en Bretagne, et nombre de purs Bretons trouvent que ça ne tient pas à l'estomac, étant trop léger et d'une digestion trop facile), de baraques,de loteries de faïence, de boutiques où se débitent scapulaires, cierges, chapelets et surtout de tavernes improvisées où le cidre et le gwin ardân coulent à flots, soit séparément, soit conjointement dans le mélange chaud qu'on appelle le *flip*. Des aveugles, des musiciens ambulants, des joueurs de biniou, chantent, jouent de leurs aigres instruments, vendent les chansons, les cantiques, les *gwerz* bretons ou de belles chromolithographies effroyablement coloriées représentant des sujets de piété avec légendes édifiantes... pour ceux qui peuvent les lire, et ils sont peu nombreux! (1)

Et les jours de Pardon, m'assurait mon aïeul
Lorsqu'on n'y menait pas son bœuf, il venait seul...

Malgré cela, la Bretagne n'en est pas moins devenue un excellent pays d'élevage ; le climat humide et les terres froides conviennent peu au mouton mais admirablement au cheval (Léon) et au gros bétail : les vaches pic-noire ou froment sont d'excellentes laitières et beurrières.

(1) Telles de ces légendes ne manquent pas d'une ironie pleine de malice sinon de méchanceté, et prouvent que les Bretons ne sont pas nés moins malins que les autres Français :

Saint Columban, patron de Locminé,
Priez pour nous !
Saint Colomban, secours des imbéciles,
Priez pour nous !

C'est peu flatteur pour les habitants de Locminé, petite ville située à l'intersection des routes de Vannes à Pontivy et de Rennes à Lorient !

Le vent gonfle ces toiles faites souvent de voiles de rebut ; mais elles n'ont pas cet air joyeux qu'elles prenaient lorsqu'elles vibraient, sonores, sous la brise du large... Rozennic tient par la main la petite Toussaint qui ouvre encore plus grands ses grands yeux élargis par l'admiration : tout l'attire, l'intéresse, l'arrête. Façonnée par les leçons et l'exemple de sa mère d'adoption, sa petite âme se fait « bretonnante ».

— Qu'il est joli ce *mabik* Jésus ! Et comme il me regarde avec douceur !...

Mais, à bien des indices, on sent que dans ces pardons la piété fait place à la curiosité et que l'antique et invincible ferveur des croyants est remplacée par l'amusement des badauds. Il n'est pas jusqu'aux mendiants eux-mêmes, aux magnifiques et horribles estropiés qui ne se lamentent sur la tiédeur des pèlerins... qui se traduit surtout par une diminution sensible des pièces sonnant rares en leurs sébiles :

— Bientôt on ne pourra plus vivre de sa misère, confie l'un d'eux à Rozennic, et il faudra renoncer à ce métier !

Et la femme de Le Fantec est très choquée de ce langage, car, elle du moins, ne fait pas de sa dévotion un article de commerce.

— Tout ça, voyez-vous, ma bonne dame, c'est la faute aux chemins de fer ! Ah ! L'enchanteur Merlin avait bien raison de prédire qu'un *dragon de feu* viendrait et ravagerait notre pauvre pays. Que ne l'a-t-on écouté ? (1) Nos plaies n'excitent plus la pitié, mais la répulsion. C'est la fin de tout ! l'abomination de la désolation !

(1) Lors de l'établissement des lignes de chemins de fer à travers la presqu'île, nombre de municipalités qui maintenant s'en mordent les doigts jusqu'au sang, se sont énergiquement opposés à laisser passer sur le territoire de leurs communes « le rouge dragon de feu ». Et maintenant elles sont heureuses d'appeler les *chemins de fer économiques* à leur secours, pour ne pas rester isolées des grandes voies que suit la richesse. Le chemin de fer pour les vieux Bretons devait attirer sur leurs terres l'abomination de la désolation. Un conseil municipal ne donnait-il pas comme raison de son refus cet argument touchant : que les vaches prises de peur à la vue du farouche dragon perdraient leur lait, ou que la fumée sortant de sa gueule ferait tourner le peu de lait qu'elles donneraient ?

Le jour ne viendra-t-il donc jamais où Notre-Dame-de-Tout-Remède écrasera sous les débris de son clocher ou sous une pluie de pierres comme celles qu'elle apporta jadis dans son tablier, tous ces mécréants que le chemin de fer impie amène ici, pour ruiner d'honnêtes gens !...

L'estropié arrêta là ses jérémiades car un de ces « mécréants » qu'il honnissait lui mettait au même moment une pièce blanche dans la main pour obtenir l'autorisation de photographier sa pittoresque silhouette. L' « impiété » a du bon parfois ! *Ar Zod* aussi et la mignonne Toussaint virent devant eux se braquer l'appareil diabolique et, pour avoir chanté une de ces poésies bretonnes si douces et si mélancoliques, de sa voix aux inflexions prenantes, la fillette reçut une généreuse gratification qu'elle alla, vive et joyeuse porter à mamma Rozennic.

La touriste photographe s'en alla plus loin prendre des « instantanés » de la foule des enfants précédant et accompagnant la procession, munis de petites clochettes qu'ils agitent avec plus de frénésie que d'accord. Que les jeunes filles portant les saints étendards ou escortant la bannière de la Vierge et les Reliques non seulement ne soient pas choquées de voir se dresser devant elles un appareil, dix appareils photographiques, mais même en éprouvent un certain plaisir, c'est là un signe des temps assez symptomatique : l'antique pudeur bretonne s'apprivoise !

Les offices sont terminés. On boit, on mange, puis, ainsi que le dit le vieux proverbe *Après la panse, la danse !* l'orchestre appelle les danseurs. L'orchestre ! C'est le biniou classique sans lequel il semble que la Bretagne ne soit pas la Bretagne, c'est la bombarde, parfois le tambourin, la vielle aux sons nasillards et par endroits même, l'atroce accordéon.

Les vieilles danses sont encore en honneur, comme au temps où les Celtes peuplaient l'Armorique, mais n'ont plus rien de leur symbolisme primitif qui leur faisait représenter les diverses évolutions des astres dans le ciel. Ce sont de grandes rondes cadencées auxquelles on a mêlé quelques passes, quelques changements de main.

Toussaint s'amusait fort de voir danseuses et danseurs tantôt marcher en cadence sur la pointe du pied, tantôt s'enlever légèrement ou « peiner à la danse » c'est-à-dire retomber lourdement sur le sol en accentuant fortement la mesure. Et elle riait aux éclats quand le marin chargé du rôle d'amuseur, de danseur comique, exagérait ses entrechats, ses sauts, ses contorsions, ses poses grotesques semblant défier toutes les lois de l'équilibre. Et *Ar Zod* riait de la voir rire !

— Allons, Toussaint, il nous faut aller coucher. N'oublie pas que, dès demain matin, nous devons repartir et aller plus loin, toujours plus loin...

— Papa ne se guérit pas vite, mamma ; et cependant je prie bien pour lui !

— Il ne faut jamais désespérer de la miséricorde divine, mon enfant. C'est au moment où l'on s'y attend le moins qu'elle produit son effet.

— Où couchons-nous, mamma ?

— Dans une grange, Toussaint, où une paillée de froment nous attend.

— Nous avons encore plus de chance que tous ces mendiants qui vont coucher toute la nuit sur la lande !

— Oh ! rassure-toi, beaucoup d'entre eux boiront jusqu'au matin, si la recette a été bonne...

— Jamais plus ! jamais plus... murmura Le Fantec qui semblait moins répondre à sa femme que se parler à lui-même.

— Que veux-tu dire, pauvre ami ? Jamais plus...

— Non, jamais plus, jamais plus Yves Le Fantec ne boira de gwin ardân !... Il l'a juré... Jamais plus ! jamais plus !

L'innocent, par une sorte de dédoublement, parlait de lui, comme d'une autre personne :

— Il me l'a juré, là-bas... devant le petit ange descendu du ciel... pour le racheter... pour expier ses crimes...

— Que dit-il ?... Le pauvre homme !

— Jamais plus !... jamais plus !...

Toute la séquelle des mendiants, des professionnels du vagabondage renonçant à ses glapissantes litanies chante maintenant joyeusement... « Les tentes sont repliées, les *sonneurs* sont partis, la nuit et le silence ont repris possession de la plaine que foulait peu auparavant une foule bruyante », les mendiants se réunissent en groupes autour de feux de joie qu'ils allument.

Alors c'est un spectacle dont aucune parole ne peut rendre la fantastique magie que celui de ces trois cents déguenillés, assis autour de leur foyer en plein vent. On dirait un campement de Bohémiens du moyen âge. Ils sont là, accroupis sur leurs longs bâtons blancs, leur bissac à leurs pieds, comme des âmes en peine qui seraient venues s'asseoir un instant autour de brasiers délaissés... Parfois un jet de flamme éclaire subitement ces visages grimaçants, hagards ou stupides, marqués au coin du vice et des misères humaines ; puis une rafale abat les feux qui rampent en tournoyant, et alors on aperçoit plus que des ombres qui s'agitent dans des ténèbres visibles.

Cependant un sourd murmure, semblable au bruissement du vent dans les feuilles mortes, court sur cette foule étrange ; de loin en loin, la voix d'un estropié s'élève mélancolique et prolongée, chantant un *gwerz* du pays ; on entend la clochette des chiens des aveugles, les ricanements des idiots, les psalmodies des vieillards répétant des prières latines, les cris de quelques mendiants avinés, et, au milieu de cet inexprimable mélange de rumeurs bizarres, d'images hallucinantes, de tableaux fantastiques et changeants, le vent de nuit qui arrive de la mer tout chargé du parfum des herbes marines, commence à siffler dans les arbres du cimetière ; les feux s'éteignent lentement, et la lune montre son pâle visage au milieu d'un ciel pailleté d'étoiles.

Alors tout bruit meurt ; les trois cents mendiants, couchés sur la terre, ont oublié leurs peines aussi profondément que s'ils dormaient dessous, dans un cercueil. La plaine apparaît de nouveau unie, solitaire et silencieuse, et l'on n'aperçoit plus que le long clocher de Rumengol qui s'élance du milieu des arbres comme un fantôme, et la grande croix du cimetière qui projette son ombre sur les pierres blanches des tombeaux... »

*
* *

Ils mirent de longs jours, les trois pèlerins du « Trô-Breiz », pour parcourir l'*Ar Goat,* le pays des bois qui s'oppose à l'*Ar Mor* le pays de la mer. Région peu connue, car, de la Bretagne, les touristes et les « baigneurs » n'ont encore « découvert » que le littoral évidemment remarquable de beauté et d'épouvante mais qui commence à être quelque peu, sinon banal, du moins banalisé.

Dans la zone côtière, pas d'ombre autre que celle des rochers ou des ajoncs, dans l'*Ar Goat* des aulnes, des coudriers, des troncs aux contorsions presque humaines de douleur ou d'effroi, des hêtres qui s'élancent vers le ciel comme des clochers de verdure. Pays d'enchantement, de charme mystérieux, prenant, enveloppant qui contraste singulièrement avec le type classique, de la côte grise, âpre, dénudée, battue des vents et des flots, pays riant tout de grâce, d'intimité, de coins verts, de couleurs finement nuancées, de poésie et de légende.

Des bois et des eaux : des rivières, des ruisselets et des sources d'une exquise fraîcheur que les touristes ignorent, car les guides ne les prônent pas à grand renfort de réclames, et pour cause, car ils seraient fort embarrassés pour en détailler et en expliquer l'indéfinissable, la subtile beauté. Jadis l'immense, l'impénétrable forêt étendait son royal manteau de verdure sur toute la partie de l'Armorique où la brûlure de l'air marin permet aux arbres de pousser et de verdir, sur toute la Bretagne intérieure séjour mystérieux des divinités gauloises s'abritant dans les frondaisons touffues, dans les troncs des chênes séculaires, dans les fontaines au chuchotis léger, frémissant, cristallin.

A travers les fûts pressés de ces forêts inviolées par les profanes glissaient, comme des fantômes, les blanches robes des Druidesses, des Druides, des Bardes et des Eubages : parfois, s'ils en avaient l'audace, d'aventureux chasseurs y venaient poursuivre les sangliers aux défenses terribles et les aurochs qui, sous leur galop pesant, faisaient trembler le sol.

Puis, vinrent les légions romaines qui après avoir conquis le monde, s'aventurèrent aussi dans la vieille Armorique ; mais la majesté et l'horreur de cette ombre verte les épouvantèrent, et elles se contentèrent d'en longer la lisière, laissant aux Druides leurs sanctuaires respectés... par la peur.

Plus hardis, les saints venus de la Grande-Bretagne et de l'Irlande, osèrent pousser jusqu'au cœur de la forêt « et les arbres s'écartaient pour leur faire place et les broussailles s'ouvraient d'elles-mêmes devant leurs pas », et ils y édifièrent des oratoires. Et la musique des grands chênes semblables aux tuyaux d'orgues gigantesques accompagnait leurs prières en chantant l'infini dans une hymne large et lumineuse. « Qui voudrait avoir l'impression directe de ce que pouvait être la Gaule barbare, la Gaule d'avant la conquête n'aurait qu'à se rendre dans ces contrées. Au printemps, la grâce en est infinie, avec quelque chose, néanmoins d'inquiétant et de sauvage.

« Une épaisse toison de feuillages moutonne à perte de vue sur la croupe arrondie des collines, et les vallées qui se déroulent à leur base dorment comme accablés sous le poids d'une frondaison excessive. On y peut voyager des heures entières, sans voir une maison (1), sans voir un homme, et cela dans un demi-jour verdâtre, au milieu d'un silence enchanté. L'eau même des rivières y glisse sans bruit, parmi les roches, sur un lit de gravier tapissé de longues herbes ondulantes... »

De cette sylve antique, de cet océan d'arbres que faisait frissonner une houle immense, il ne reste plus que de larges îlots accrochés aux flancs des monts ou perchés sur leurs cimes, des chênes sans nombre, la plupart ont disparu et ne sont plus guère représentés que par des troncs étêtés et ébranchés qui jalonnent les haies. De ces îlots d'arbres le plus important et le plus imposant est la forêt de Paimpont (2) contiguë presque à trois départements bretons : l'Ille-et-Vilaine, le Morbihan et les Côtes-du-Nord...

— Quelle est donc cette voix, mamma, qui murmure au-dessus de la fontaine ? Quelle est cette forme vaporeuse qui surgit de l'eau ?

— Chut, petite Toussaint. Ecoute et regarde : c'est la fée Viviane qui, penchée sur le miroir de la source, lisse ses longs cheveux d'or. Il n'est pas sur terre de plus grande joie que de la voir. Ecoute son histoire :

« Merlin l'enchanteur venait de quitter le roi Arthur. Depuis quelques mois, il se sentait ému par un trouble étrange et une

(1) On trouve encore dans cette forêt des huttes ou « loges » de sabotiers et de bûcherons de tous points semblables aux misérables habitations des Gaulois. Huttes rondes, un peu ventrues, au toit conique percé d'un trou laissant passer la fumée du foyer de pierres butées avec de l'argile et placé au milieu de la pièce, permettant, la nuit, de voir les étoiles. Et quel mobilier ! Des escabeaux grossiers, des bahuts informes ; en guise de lit une jonchée de fougères et une couette de balle de seigle retenues par une barrière de piquets clayonnés avec des ramilles flexibles.

(2) La ville de *Paimpont* est située dans la forêt du même nom qui a une superficie de plus de 6.000 hectares, des taillis, des futaies et des étangs remarquables. C'est la forêt de *Brocéliande*, qui renferme aussi la fontaine merveilleuse de Baranton dont quelques gouttes, répandues sur le perron du palais de l'enchanteur Merlin, opéraient d'incroyables prodiges. Quand on entend mugir cette fontaine c'est, paraît-il, signe d'orage ; dans les années de sécheresse, on s'y rend en procession pour demander de la pluie.

Sur la lisière Sud de la forêt, se trouvent de belles forges dont les foyers sont alimentés par le bois. Qu'eût dit la fée Viviane si elle eût entendu rugir la fonte en fusion, taper les lourds marteaux et bruire le fer rouge sous les rouleaux des laminoirs ? La prose n'a pas cependant tué la poésie du rêve.

image radieuse hantait sa pensée. L'épée pesait lourd à son bras et son esprit distrait oubliait l'art des enchantements. Il prit congé du roi Arthur et partit vers l'inconnu.

Il parvint un matin à la forêt de Brocéliande. Là, une fontaine au perron d'émeraude s'offrit à lui sous les arches vertes des arbres. Un genou en terre, il voulut prendre un peu d'eau dans le creux de sa main ; l'eau coula sur la pierre magique et, au même instant, un orage épouvantable se déchaîna avec des rafales de pluie et de grêle. Puis le ciel redevint serein ; des oiseaux jusque-là invisibles firent retentir les futaies des chants les plus mélodieux, et Merlin stupéfait recula.

Des vapeurs suspendues sur la source bouillonnante s'élevait une tour, revêtue de lierre, ouverte comme la niche d'une statue : une Fée y dormait, d'une beauté sans pareille, sous une voûte d'aubépine et de chèvrefeuille. Son cou était blanc comme celui des cygnes et une coulée fauve tombait de son front jusqu'à ses genoux. Merlin fit vibrer les cordes de sa harpe. La fée s'éveilla.

— Ah ! toi enfin ! dit-elle, je t'attendais...

— Qui donc es-tu ? répondit Merlin frissonnant.

— Tu ne me reconnais donc pas ? Je suis celle dont l'image te poursuit et dont la pensée émeut ton cœur. Je m'appelle Viviane, ma marraine est Diane de Sicile et je cueille l'herbe d'or dans la forêt de Brocéliande. Et toi, tu es l'époux que mon cœur attend... »

Dans l'air ensoleillé ; les abeilles bruissaient ; un grillon chantait.

Plus le jour montait, plus la beauté de Viviane devenait éclatante. Les bruits de la terre se turent, et Viviane commença, d'une voix cadencée, un hymne tel que jamais personne n'en entendit de pareil. Au charme de cette voix harmonieuse, Merlin oubliait l'univers. Mais, quand les premières ombres du soir arrivèrent, la Fée pâlit et la tristesse noya ses yeux :

Après le Pardon, en Bretagne.

« Merlin, dit-elle, je vais mourir avec le jour. Seul un mot pourrait me sauver. Mais ce mot délicieux, le sais-tu ?

— C'est comme dans l'histoire des petits Poulpiquets, dis, mamma ? L'a-t-il trouvé ?

— Oui, il le trouva, dans son cœur. Je t'aime ! dit-il.

— Ah ! maintenant, s'écria Viviane triomphante, je défie les ténèbres de la nuit. Je vivrai toujours jusqu'à demain...

— Pourquoi jusqu'à demain ? fit-il.

— Parce que tu reprendras le cours de ta vie errante et que je mourrai de ton absence !

— Viviane, puisque les Dieux en ont décidé ainsi, je resterai toujours ton époux fidèle... je ne te quitterai jamais...

— Pour me prouver que tu dis vrai, que tu veux que je vive, apprends-moi le charme secret, l'enchantement qui permet d'endormir un homme et de le séparer à tout jamais du reste des vivants... »

C'était sa vie même que la Fée curieuse demandait au vieil Enchanteur. Et cependant il livra le secret... Le soir même, dès qu'il fut endormi, la Fée décrivit neuf cercles autour de lui et récita neuf fois la formule magique... Et depuis ce temps-là, Merlin dort toujours sous les yeux ravis de Viviane, dans la forêt de Brocéliande où personne n'a pu le réveiller de son éternel sommeil...

C'est Viviane que tu as vue, mon enfant, à moins que ce ne soit Oriane, Tiphaine, Mélusine ou Titania, car elles sont nombreuses les Fées de Bretagne qui se promènent dans les bois sacrés ou sur les landes pleines de mystère en longues robes blanches, accompagnées de nains qui écartent de leurs pieds nus, les broussailles des sentiers. Les pierres précieuses scintillent à leurs bras et à leur cou : le rubis sanglant qui donne la force, l'émeraude aux lueurs marines qui conjure les démons, l'œil-de-chat dont le miroitement de velours met à l'abri des coups du sort et rend invisible, la turquoise céleste qui sauve de la mort. Tantôt elles filent d'invisibles étoffes, tantôt de leurs doigts légers elles cueillent leurs fleurs préférées, la primevère et la rose, le trèfle et la verveine ; sur un signe de leur baguette, les rameaux d'or s'élancent du sol et la mandragore, la plante fabuleuse, se met à chanter. Quand elles sont lasses de la terre, elles s'envolent à travers le ciel sur un fil de la Vierge...

— Viviane ! Viviane ! je t'aime, crie la petite Toussaint, en tendant les mains vers la blanche apparition qui semble monter vers le ciel... Viviane ! Viviane !

Mais, seul, l'écho lui répondit dans les profondeurs de la forêt, comme la voix lointaine de la désillusion :

— Viviane ! Viviane !

CHAPITRE VII

VII

Au pays des clochers à jour. — Pourquoi il y a tant de monuments mégalithiques en Bretagne : réponses poétiques ou étranges. — *Soudar det Sant Cornely*. — Ville de preux. — Bertran du Geaquin. — Cultes successifs. — Adieu, Trémintin ! — La Côte d'émeraude. — Rencontre inattendue : le miracle !

Saint-Malo... Nous sommes ici sur la lisière de la Normandie, et si le pays malouin est de la Bretagne encore, c'est une tout autre Bretagne que le pays de l'Ar Mor. Les moissons dorées de la campagne donnent une impression d'opulence qui forme un contraste saisissant avec l'aridité, la nudité des landes morbihannaises, la grandeur et la tristesse du pays de Léon, le charme mystérieux et sauvage de l'*Ar Goat*, l'effrayante beauté de la fin des terres (1). Et ce brusque changement de paysage n'échappa point à l'observation, toute rudimentaire qu'elle était, des trois pèlerins du Tour de Bretagne.

Ils venaient de parcourir le pays austère, noir, de la terre

(1) « Lorsqu'en voyageant dans la presqu'île armoricaine, on dépasse la région la plus rapprochée du continent, où se prolonge la physionomie gaie, mais commune de la Normandie et du Maine, et qu'on entre dans la véritable Bretagne, dans celle qui mérite ce nom par la langue et la race, le plus brusque changement se fait sentir tout à coup ». (RENAN.)

léonnaise, le pays qu'un vieil adage qualifie de « pays d'églises et de châteaux, de nobles et de prêtres » dont en effet les seules silhouettes des clochers montrant le ciel de leur doigt de granit ajouré et la lourde masse des manoirs seigneuriaux rompent l'uniformité sans grâce et sans charme. Ils avaient visité *Saint-Pol-de-Léon*, la ville « aux clochers à jour » qui, de loin, semble ne former qu'une église, juchée sur sa colline, encadrée entre les parcs des châteaux de Kernévez et de Kerrour, dominant d'un côté les champs de labour et de l'autre les larges horizons de la mer. Ville silencieuse où les rues et les places publiques désertes se couvrent d'herbe, que n'égaye aucun arbre et qui contraste singulièrement avec l'activité commerciale, industrielle et maritime de *Morlaix* (1) sa voisine, dont les habitants disent avec autant de vérité que d'esprit, qu'ils sont à *trois cents lieues et à trois cents ans de Saint-Pol.*

Pieusement, Rozennic Le Fantec avait prié dans la cathédrale, saint Pol l'un des sept apôtres de l'église armoricaine et même avait obtenu que l'on sonnât au-dessus de la tête de son malheureux mari la petite cloche battue au marteau qui passe pour avoir appartenu au saint. Hélas ! le miracle ne se produisit pas...

Quittant Saint-Pol-de-Léon, laissant le clocher du *Kreiz-Ker* (2),

(1) *Morlaix* (15.000 h.) est un chef-lieu d'arrondissement du Finistère, à 7 kilomètres de la mer avec un pont pittoresque au confluent du Jarlot et du Queffient « pêle-mêle étrange de constructions et de verdure, de collines escarpées et boisées, de façades bizarres revêtues d'ardoises, de rues en escaliers, de jardins en étages ». Le chemin de fer franchit la rivière de Morlaix sur un viaduc qui pendant longtemps a passé pour le plus hardi qu'on eût construit en France. La longueur de ce viaduc, entièrement construit en pierres est de 284 m. 50, sa hauteur est de 64 m. au-dessus des fondations et de 58 m. au-dessus des quais. Il est divisé en deux étages composés : l'étage inférieur de 9 arches de 13 m. 50 et l'étage supérieur de 14 arches de 15 m. avec un passage pour les piétons entre les deux étages.

(2) Le clocher de la chapelle du Kreis-Ker est une merveille de hardiesse, de beauté, d'élégance. On parle de lui dans toutes les poésies, les légendes populaires et dans tous les coins du monde, un mathurin ou un marsouin finistérien chante, a chanté, ou chantera la chanson du conscrit, devenue une manière d'air national bas-breton, célébrant la sveltesse du Kreis-Ker. Il n'a que 77 m. de haut, mais semble en avoir bien davantage. Vauban, qui se connaissait en architecture audacieuse, dit que jamais il ne vit construction plus hardie. Le savant Ozanam de son côté, prétend que si un ange descendait du ciel, il poserait le pied sur le clocher de Kreis-Ker avant de s'arrêter sur la terre d'Armorique. Il n'est soutenu que par quatre piliers de 3 m. 20 de côté, composés d'une masse de colonnettes fasciculées qui paraissent un défi à la hauteur et au poids de la tour qu'ils supportent.

Le clocher du Kreis-Ker n'est pas une exception : ils sont innombrables en Bretagne, ces clochers ajourés d'une sveltesse étonnante, comme innombrables sont les sanctuaires, les lieux de prière, les calvaires dont le roi des clochers du pays de Léon et l'orgueil de la Bretagne s'estomper dans la bruine, nos trois pèlerins, de là, s'en étaient allés à *Tréguier* implorer la protection de saint Yves, le patron des avocats et de saint Tugdual, deux patrons si populaires en Bretagne que sans nombre sont les enfants portant les prénoms de Tugdual ou d'Yves (1).

A Paimpol, Rozennic eut une grande joie : elle put aller à la chapelle de *Notre-Dame-de-Bonne-Nouvelle* avec ses fils qu'un hasard heureux — elle ne manqua pas de dire « providentiel » lui fit rencontrer sur le port, revenant en excellente santé d'une rude campagne de pêche à Islande. Et ils remercièrent la Vierge, sans oublier de la prier d'intercéder auprès de Dieu, pour la guérison du père, dont la raison ne revenait guère, hélas !

Soumis, obéissant, un véritable enfant, le pauvre *Ar Zod* se laissait mener d'une chapelle à une autre, toujours souriant, toujours content, ne demandant rien si on ne lui donnait rien, causant avec lui-même ou avec les visions qu'enfantait son cerveau de dément, de choses qui n'avaient pas de sens pour ceux qui les entendaient. Il ne devenait furieux que si l'on faisait mine de lui vouloir arracher la petite Toussaint à laquelle il avait voué un amour sans bornes, un amour qui lui faisait presque oublier ceux à qui il

quelques-uns sont surprenants de réalisme et de poésie, avec leurs sculptures pleines de verve, le naturel des poses des personnages, la vérité des expressions, le groupement pittoresque des figures. L'un des plus curieux est celui de *Plougastel*.

(1) Saint Yves que les Bretons appellent souvent *saint Yves de Vérité* est le patron des hommes de loi. Il naquit au manoir de Kermartin où l'on montre toujours le lit de chêne sur lequel il dormait. Une hymne composée en l'honneur de ce saint, dit malicieusement :

Advocatus et non latro
Res miranda populo.

« Avocat et non voleur, chose remarquable pour le peuple ! » Tréguier a cette particularité « d'avoir les pieds dans sa rivière salée qui lui fait un petit port au milieu des terres et qui lui apporte le bon air marin sans l'empêcher d'avoir de beaux arbres. Il y a des endroits, dit Veuillot, où l'on peut prendre des bains de mer sous l'ombrage des châtaigniers et même assis dans les branches. D'un côté, la campagne verte, de l'autre, la mer ; les côtes déchirées ne sont pas loin, les vallons joyeux sont tout près. Pays de chasse, pays de légendes, pays de braves gens ». Tréguier, après d'héroïques résistances, s'est décidée à placer une plaque commémorative sur la maison de la rue Stanko où naquit *Renan* celui que les Bretons « d'autrefois » considéraient comme l'Antéchrist lui-même et qui fut le plus discret, le plus délicat des philanthropes.

devait aussi de l'affection, à ses enfants dont il ne parlait presque jamais, à sa femme, l'héroïque Rozennic dont la vie n'était plus en somme qu'un douloureux calvaire, un sacrifice vaillamment accepté, mais de jour en jour plus lourd pour ses épaules plus faibles...

Ils allaient, tantôt longeant la côte aux fantastiques éboulis, tantôt traversant les landes incultes, s'abritant dans les grottes, à l'ombre des menhirs, sous les tables des dolmens et pour abréger la longueur des étapes, Rozennic chantait de sa voix blanche, d'une voix de « religieuse », les cantiques sacrés :

« J'ai été pèlerin dans tous les coins du pays. Je suis allé en Tréguier et en Léon, en Vannes et en Cornouailles ; mais il n'y a aucun lieu dans la basse contrée, aucun lieu qui soit aussi fréquenté par les pèlerins que celui de *Madame Marie de Bon-Secours, à* Guingamp (1) — *Madame Marie de Bon-Secours* qui est la plus belle du firmament... »

Ar Zod lui-même, en entendant ces chants, se souvenait des cantiques pieux et guerriers que, sur la mer immense, en sa barque si petite il entonnait avec les camarades, et les notes mélancoliques de la psalmodie convenaient bien au caractère sauvage des landes arpentées par les pèlerins :

« Voilà que nous voguons sur la Manche, sous les ordres de notre capitaine, cherchant combat et vengeance contre les vaisseaux de Hollande.

» Nous rencontrons l'ennemi, dont les mâts avaient l'air d'une forêt marchant sur l'eau ; une gueule de fer s'ouvrait à chaque sabord.

» Les boulets nous arrivaient aussi drus que grêle de mars... Oh ! jamais nous n'avions été en tel danger.

(1) *Guingamp* est un chef-lieu d'arrondissement du département des Côtes-du-Nord, situé au centre d'une vaste et riche vallée qu'arrose le *Trieux*. Ville autrefois fortifiée elle n'a conservé de ses remparts que quelques tours découronnées. Le pardon ou pèlerinage de Notre-Dame de Bon-Secours, « mère des pêcheurs » était autrefois une de ces imposantes panégyries religieuses qui furent l'orgueil du passé de la Bretagne.

Port-Maria à Quiberon. L'île aux Moines.

Dolmens à Carnac.

» Si terrible était le tonnerre des deux côtés du vaisseau que partout tombaient mâts, voiles et cordages.

» Mais voyez le miracle ! aucun enfant d'Arzon (1) ne fut atteint ni par le canon, ni par l'arquebuse.

» Autour d'eux s'abattent les blessés et les morts ; seuls ils sont préservés par ta protection, sainte Anne bénie !

» Sainte Anne bénie ! du fond du cœur nous vous prions ; conservez-nous en grâce maintenant et pour l'avenir ! »

Et le pauvre dément, scène touchante et comique à la fois, mimait la bataille, montait à l'abordage, et son *pen-baz* était tantôt mousquet, tantôt hache ; puis il se jetait à genoux et tendait les mains jointes vers sainte Anne avec laquelle il s'entretenait naïvement...

Saint-Brieuc, le chef-lieu du département des Côtes-du-Nord, ville éminemment paysanne, si l'on peut ainsi dire, car les Briochins fidèles aux traditions du passé se lèvent, se couchent, mangent aux mêmes heures qu'aux siècles du moyen âge, ne les retint pas longtemps. Peu leur importait de voir les curieuses maisons en bois ornées de sculptures, les boulevards et les promenades dont s'enorgueillit Saint-Brieuc : Rozennic, des villes qu'elle traversait en hâte, ne voyait que les cathédrales, les églises, les chapelles, les oratoires, les fontaines plus ou moins miraculeuses.

Sa science se bornant à une connaissance assez profonde d'ail-

(1) *Arzon* est un petit bourg situé à l'extrémité de la presqu'île de Ruis qui ferme au Sud le *Morbihan* (la petite mer) qui renferme, dit-on, autant d'îles et d'îlots que l'année a de jours, mais une quarantaine de ces îles seulement sont habitées et une cinquantaine cultivées. Très vaste mais peu profonde cette mer intérieure a environ 10 km. dans sa plus grande longueur et 17 km. dans sa plus grande largeur. L'une des îles, celle de Gavr'inis renferme le plus beau monument préhistorique du département. C'est un tumulus qui mesure 8 m. de hauteur et 100 m. de circonférence, en forme de dôme à calotte déprimée. Le sommet de la butte forme une sorte de cratère par lequel on communique avec l'intérieur du souterrain comprenant galerie et chambre aux parois curieusement sculptées. Au nord du Morbihan se trouve *Vannes* chef-lieu du département, aux rues étroites, sombres, tortueuses, celle de toutes les préfectures de France (Châteauroux excepté), qui ressemble le moins à une ville. C'était autrefois la capitale des Vénètes qui furent vaincus par J. César (57 av. J.-C.) dans un combat naval où leurs 220 navires furent démâtés et eurent leurs agrès coupés par la faux tranchante dont étaient armés les navires romains. Le Morbihan s'appelait alors *Mare conclusum*, la mer fermée.

leurs, de l'histoire et des légendes saintes, elle était pour la petite orpheline Toussaint un guide intéressant ; car l'enfant, avec son esprit éveillé, était avide d'apprendre et raffolait de tous ces contes où le surnaturel, le mystérieux exerce sur l'esprit une si singulière attirance. Après avoir conduit sa fille adoptive sur le boulevard Du Guesclin où se tenait la *Foire-Fontaine,* foire fameuse où les Bretonnes venaient autrefois vendre leurs cheveux aux acheteurs Normands, afin de se procurer les mouchoirs et les parapluies pour lesquels elles avaient une affection toute particulière, elle la mena voir les calvaires, les chapelles, et, de son mieux, répondait à toutes les questions.

— Qu'est-ce que représentent ces vitraux, Mamma ?

— Les pèlerinages de la Vierge en Bretagne, mignonne. Je t'ai déjà dit, n'est-ce pas, que la Vierge Marie aimait beaucoup les Bretons et leur pays où elle songea même à s'établir, désertant le Paradis. Tous les saints et toutes les saintes de l'Armorique, au courant de ces projets, voulurent édifier une demeure vraiment digne de la Reine des Cieux, et, grâce à leur pouvoir surnaturel, allèrent dans les carrières extraire sans peine aucune d'énormes pierres, pierres plates pour tables d'autel, pierres longues pour piliers, et ils les prirent dans leurs bras et ils les mirent sur leur dos.

Mais voilà que tout à coup la Vierge Marie se souvient que sa mère digne et vénérée, Notre-Dame Sainte-Anne est, en Bretagne, la plus adorée des saintes (1) et que l'édification de son sanctuaire causera le plus grand préjudice au pèlerinage maternel. Les Bretons déserteront les routes qui mènent à Auray, quelque tenaces qu'ils soient dans leurs traditions. Adieu dès lors ces splendides

(1) La fontaine de Notre-Dame d'Auray — toujours le culte des fontaines druidiques ! — est devenue une magnifique piscine longue de 25 m. sur 15 m. divisés en 3 bassins autour desquels des gradins en pierre de taille font des amphithéâtres. Sous une coupole surélevée à laquelle on accède par deux escaliers latéraux, la *Scala sancta* s'élève un autel d'où la messe peut être entendue par 20.000 personnes. Un Breton doit aller au moins une fois en sa vie à Sainte-Anne-d'Auray, comme un bon Musulman à La Mecque.

processions, ces multitudes agenouillées dans le Champ de l'Epine où se trouve la fontaine et l'autel de Sainte-Anne que couvriront bientôt les ronces et les ajoncs... « Non ! non ! Que l'Eglise de ma mère soit désertée, et cela par ma faute ! s'écrie la Vierge, jamais ! Je ne veux pas causer de chagrin à ma mère. Je renonce à mon projet ! »

Aussitôt des messagers ailés partirent du ciel pour crier aux saints et aux saintes de Bretagne :

« De par ordre de Madame Marie, laissez là vos charges ! » La surprise et l'émotion des travailleurs sacrés furent telles qu'ils s'arrêtèrent court. Leurs bras laissèrent échapper leurs fardeaux qui tombèrent au milieu des landes et s'enfoncèrent profondément dans le sol.

Lorsqu'ils furent témoins de cette pluie de pierres, les bergers qui paissaient leurs troupeaux, se signèrent avec terreur et se prosternèrent à terre persuadés que c'était le commencement de l'abomination de la désolation. Mais quel ne fut pas leur étonnement le lendemain quand ils se rendirent compte de la façon dont les pierres étaient disposées ! Les unes appuyées sur des blocs de soutien, avaient la forme d'autels ; les autres plantées dans le sol, se dressaient en piliers. Les troisièmes, alignées sur plusieurs rangs, donnaient l'illusion de colonnades, comme on en voit à la nef et aux bas-côtés des cathédrales ; les dernières disposées en cercle, faisaient penser à un chœur fermé. Evidemment, ce n'était point là œuvre du pur hasard... mais chef-d'œuvre d'une puissance surnaturelle. Et voilà pourquoi, ma petite Toussaint, non loin de Notre-Dame d'Auray, tu pourras voir des menhirs, des dolmens, des alignements, des cromlechs à Locmariaquer et à Carnac (1), lorsque nous ferons notre pèlerinage dans cette partie de la Breta-

(1) *Carnac* est un bourg situé au fond de la baie de Quiberon. C'est sur sa plage que débarqua, le 25 juin 1595, l'armée des émigrés, sous la protection de la flotte anglaise, armée qui fut écrasée dans la presqu'île de Quiberon (ancienne île rattachée au continent par un isthme sablonneux), par le jeune général Hoche qui venait de pacifier la Vendée. L'absence d'unité dans le commandement, les jalousies qui divisè-

gne... Ces merveilleuses pierres n'ont pas d'autre origine, ma petite Toussaint...

Pierres merveilleuses! oui, Rozennic avait raison, mais combien naïve cette légende de leur origine! D'autres explications pour le moins aussi... étranges, n'ont-elles pas été proposées pour les fameux alignements de Carnac. Ceux-ci comptaient autrefois au moins 15.000 menhirs, nombre qui s'est réduit à 5 à 600, car, pour la plupart, ils ont été brisés pour empierrer des routes, former des clôtures et des murs, et aussi pour faire place à la culture. Mais à quoi pouvaient servir ces avenues? Les uns répondent : Ce sont les allées d'un *camp de César,* de même que le dolmen *Dol ar Marc'hadourien,* la Table des Marchands, s'appelle aussi *Table de César.* D'autres croient y voir les restes d'un temple consacré au culte d'un Serpent et à la religion Ophiolatrique (qui adore les Reptiles). Les troisièmes prétendent que ce sont les pierres tumulaires d'une vaste nécropole où dormaient les guerriers de Carnac et d'Erdeven tués dans une grande bataille. Les quatrièmes disent : Ce sont là amusements de Fées. Ne voit-on pas, à Locmariaquer, la *Montagne de la Fée* (Mané-er-Hroeck) la *Table de la Fée,* la *Pierre de la Fée* (Men-er-Hroeck) que seule la baguette magique d'une Puissance surnaturelle a pu ériger, car elle ne pèse pas moins de 200.000 kilogrammes? Un écrivain du XVIIIe siècle avance, le plus sérieusement du monde, que ces pierres ont été placées là par les Romains *pour caler leurs tentes contre les vents furieux !*

Non moins naïve que l'interprétation donnée à la petite Toussaint par sa mère adoptive est l'explication donnée par les habitants de Carnac. Saint Cornély poursuivi par une armée de païens, se sauvant devant eux arriva jusqu'au bord de la mer. Hélas! point de bateau! pas même une auge de pierre, comme saint Houardon

rent les chefs royalistes rendirent sa victoire facile. La côte orientale est très plate et très accessible aux bâtiments de commerce qui s'y abritent contre les vents d'ouest dans les havres de Port-Haliguen et Port-d'Orange, la côte occidentale est escarpée et bordée de nombreux écueils. Carnac est surtout intéressant comme centre d'excursions se trouvant dans le pays le plus riche en *monuments mégalithiques.*

fut heureux d'en trouver une pour la transformer en bateau... de sauvetage :

O prodige nouveau !
Il s'embarqua sur l'eau
Dans une auge de pierre ;
Entré par un vent d'Est
Dans la rade de Brest,
A travers les rochers,
Il courut des dangers
Bien moins grands que sur terre.

Saint Cornély, lui, usant de son pouvoir de saint, métamorphosa en pierres les soldats qui croyaient le saisir : ils en sont encore tout pétrifiés et, dans le pays, on nomme ces menhirs *soudar det sant Cornély* (soldats de saint Cornély).

. . . .

Dinan ! Ah ! si nos pèlerins avaient eu le goût de l'histoire, quelle moisson ils eussent faite en cette ville, qui, sous quelque côté qu'on la voie, se présente avec un aspect pittoresque avec ses vieilles murailles accrochées aux flancs du promontoire escarpé qui domine la Rance, avec ses villas luxueusement modernes et ses jardins enchanteurs ! N'est-ce pas sur la place même où s'élève sa statue que le connétable Bertrand Du Guesclin vainquit un chevalier anglais, Thomas de Cantorbéry, qu'il avait provoqué en combat singulier ?

N'est-ce pas à Dinan que le même preux chevalier voulut que son cœur fut inhumé dans l'église des Jacobins à côté du tombeau de Tiphaine Raguenel, sa première femme ? Lorsqu'il mourut, comme on sait, au siège de Châteauneuf-Randon, en 1380, ses dernières volontés furent religieusement accomplies, et, depuis la suppression des communautés, le cœur du Connétable et la pierre qui le recouvrait ont été transportés dans l'église Saint-Sauveur (1).

(1) Au-dessus du blason de Du Guesclin représentant *une aigle éployée chargée d'une cotice* (rubans)

Ce sont les sièges mémorables que subit la vaillante forteresse : c'est Dinan enlevée enfin aux Ligueurs... Bonne nouvelle à annoncer à Henri IV ! Aussi, un certain Pépin qui avait pour sa part contribué vigoureusement à bouter les nobles de la Ligue hors de la ville, piqua-t-il des deux pour gagner Paris, aussi vite que le permettait le seul et même cheval qu'il eût à sa disposition.

Tout hors d'haleine, il demande à parler au Roi, avec une brusquerie à laquelle les gardes du palais sont peu accoutumés de la part des courtisans. Il le prend de haut, insiste si bien qu'il est présenté au Roi en cet équipage :

— Sire, j'avons prins Dinan ! dit-il avec un délicieux accent de terroir.

— Cela ne se peut ! interrompt le maréchal de Biron. Reprendre Dinan ? Non ! Non !

— Vay, répond Pépin, d'un ton railleur et en clignant malicieusement de l'œil à Sa Majesté comme à une vieille connaissance, y le sara mieux que mai, qui y étas ; mais, ajouta-t-il en regardant de droite et de gauche, c'est-y qu'on serait ici dans la maison du bon Dieu ?

— Vous êtes dans le palais du Roi !

— Fallait donc le dire. J'aurions cru qu' c'étions la maison du bon Dieu, qu'on ne boit, ni ne mange !

Henri IV s'amusait beaucoup de la franchise naïve et pleine de verve du Dinanais et il donna l'ordre à ses officiers de le régaler. Le lendemain, Pépin vint prendre congé du roi :

— Mon brave Pépin, lui dit Henri IV, vous vous êtes conduit en brave, je suis content de vous. Voulez-vous que je vous anoblisse ?

— S'i' ous plaît ?

— Que je te fasse noble !

et qui est grossièrement gravé en creux, se trouve une inscription en caractères gothiques carrés, mal fournis et mal alignés. L'orthographe du nom est curieuse : « *Bertran du Geaquin.* »

— Noble! Oh! que nenni, Sire: je les chassons de notre ville, de votre ville à c't'heure, à coups de bâton... C'est pas pour courir après la noblesse! Mais puisque vous êtes ben aimable, faites-moi donner un cheval de votre écurie, car le mien, sauf le respect que je vous dois, Sire, a crevé comme un porc!

Le Béarnais lui fit donner un de ses meilleurs chevaux, Pépin l'enfourcha et revint à Dinan ravi de l'accueil qu'il avait reçu.

. . . .

Franchissant le gigantesque viaduc (1) qui relie Dinan au bourg de Lanvallay, nos trois pèlerins avant de gagner Saint-Malo, s'en furent d'abord prier saint Samson, dans la cathédrale de *Dol-de-Bretagne,* un fort bel édifice que pourraient lui envier Rennes, Vannes et Saint-Brieuc. Dol (2) n'étant qu'à quelques kilomètres de la baie du Mont-Saint-Michel, Rozennic montra à sa fille adoptive, qui lui était une compagnie dont elle ne se passerait plus facilement désormais, la silhouette merveilleuse de l'incomparable abbaye et sa flèche triomphale, se reflétant comme une île de rêve dans les flots empourprés par le couchant qui frangeait d'or l'ovale pur et noble de la baie (3). Golfe où se heurtent, bondissent les flots tumultueux, sauvages chevaux à la blanche crinière d'écume qu'y refoulent les côtes de Normandie et de Bretagne. Breton, le Mont-Saint-Michel l'était jadis, mais le dicton d'accord avec la géographie constate que

(1) C'est un monument grandiose en granit, long de 250 mètres, haut de 40 mètres. Il a dix arches de 16 mètres d'ouverture et offre aux voitures une voie charretière de 5 mètres bordée de trottoirs de 1 mètre de large pour les piétons. Dinan est une ville de plus en plus fréquentée et compte dans sa banlieue une importante colonie d'Anglais. A leur exemple, les Français s'avisent enfin de reconnaître que leur pays vaut la peine d'être visité.

(2) Dol a conservé un aspect de ville du moyen âge fort curieux. Rien de plus intéressant que ses vieilles maisons du XIIe siècle à la Renaissance. Quelques-unes ont *pignon sur rue* et leur premier étage forme au-dessus du rez-de-chaussée une saillie surplombant de 2 mètres soutenue par des colonnes à chapiteaux fleuris. Entre Dol et la mer se trouve le *marais de Dol* conquis sur le golfe et défendu contre un retour offensif des flots par une digue de 36 kilomètres dont l'origine remonte au XIIe siècle. Depuis un siècle plus de 2.000 hectares de marécages et de roseaux sont devenus des terres fertiles.

(3) Nous avons décrit le Mont-Saint-Michel dans « *Le Secret de la Brèche-au-Diable* ».

Le Couesnon (1) par sa folie
Mit Saint-Michel en Normandie.

Et depuis ce temps-là, la Bretagne pleure le joyau perdu et l'admire toujours

Comme un clerc pauvre, assis sous sa chaumière basse
Verrait passer la reine en l'adorant des yeux.

— Et cette empreinte profondément gravée dans le granit, c'est, ma petite Toussaint, celle que laissa le pied de l'archange saint Michel lorsqu'il s'élança du rocher, sur lequel nous sommes, jusque sur le Mont qui porte aujourd'hui son nom.

Il y a, en effet, de singulières ressemblances entre le Mont-Dol, bosse énorme de granit de 65 mètres de haut et de 2 kilomètres de tour, dominant la plaine verte tachetée d'arbres, et le Mont-Saint-Michel dominant la mer peu profonde et plus souvent les bancs de sable. Une chapelle gothique au clocher fluet et délicat, une statue colossale de la Vierge, une grande croix, un moulin pittoresque, des chênes poussant entre les rocs sont la parure du Mont-Dol, et, sans avoir la prétention d'éclipser le glorieux rival, témoignent des mêmes aspirations.

Aux temps anciens, les Druides vinrent cueillir le gui dans ces chênes, et les Gaulois burent l'eau sacrée de la fontaine intarissable qui, là-haut, tout au sommet reflète le ciel ; plus tard les Romains y édifièrent un temple à la chaste Diane, la déesse chasseresse, la Vierge de leur mythologie, et les Bretons, aux siècles de foi, y élevèrent un sanctuaire chrétien. Les mots des prières, les gestes des officiants ont changé, mais l'âme humaine reste toujours la même, exhalant son besoin de croyance.

. . . .

Après le granitique îlot du Mont-Dol, voici le rocher de granit

(1) Dans la baie du Mont-Saint-Michel finissent *la Sée*, la *Sélune* et le *Couesnon* qui descendent du Bocage normand.

presque isolé de la côte, entouré d'écueils où viennent se briser les lames où fièrement se dressent les remparts de Saint-Malo. « Au fond d'une baie arrondie à côté de l'embouchure d'une rivière, la Rance, qui semble un bras de mer, entre l'élégante silhouette de Dinard (1) et l'allongement d'une belle plage harmonieuse, riant au soleil, cette toute petite cité murée, bastionnée, ceinte de tours aux formes diverses, n'a aucune des crudités multicolores qui, presque partout ailleurs, blessent le regard. Son costume est d'une seule teinte, comme est simple sa forme. Elle apparaît toute vêtue de gris, avec des toits d'ardoises, entre lesquels verdoient quelques arbres, sous le clocher ni trop haut, ni trop bas, donnant à l'ensemble massif quelque chose d'effilé, l'achèvement de l'art. Ce n'est pas immense, ce n'est pas surprenant : c'est beau, beau dans la sobriété, la solidité, la douceur et la force. »

Entre ces murs noircis, sinueuses, étroites et sombres « comme les corridors à ciel ouvert de quelque énorme bastille marine » serpentent les rues qui, presque toutes, montent vers la cathédrale peu éclairée, austèrement religieuse qui dresse sur le point le plus abrupt du rocher sa svelte flèche de pierre semblable à un mât de navire. A côté de ce fouillis de rues, de toutes petites places où bruissent cependant quelques feuillages, bien que l'air et l'espace soient parcimonieusement mesurés, des hôtels somptueux, de belles maisons anciennes, cossues qu'habitèrent corsaires et armateurs.

Il ne faut pas oublier en effet que l'*esprit d'aventure* est un des traits caractéristiques de la race bretonne et la piété bretonne elle-même participe de ce même esprit d'aventure ayant toujours

(1) *Saint-Malo* (11.000 habitants) est surtout la ville de travail. C'est l'une des cinq sous-préfectures de l'Ille-et-Vilaine dont le chef-lieu est *Rennes* (75.000 habitants) au centre d'un bassin fertile (blé) au croisement des routes longitudinale et transversale de la Bretagne, ville universitaire, qui s'enorgueillit de ses belles promenades publiques et de ses quartiers neufs dont l'harmonie un peu froide contraste avec la laideur de la basse ville. Saint-Malo est, nous l'avons dit plus haut, un port de grande pêche et de pêche côtière, c'est aussi un port de constructions navales très important. « En » Paramé, à Dinard et à Saint-Servan se trouvent les villas luxueuses : ce sont les villes de plaisir.

été d'essence voyageuse : pèlerinages du Trô-Breiz, pardons, sont avant tout des occasions de grands déplacements.

N'y eut-il pas à la fin des terres elle-même, à la pointe de Penmarc'h (1) une ville florissante ou une agglomération de bourgades où s'élevaient les manoirs des riches armateurs, négociants, capitaines de barques, enrichis par le commerce de la « viande de carême » c'est-à-dire la pêche de la morue et des merlus ? De hardis aventuriers partaient de là, s'en allaient jusqu'en Galice, cette Bretagne de l'Espagne comme la Cornouaille anglaise est l'Armorique des îles Britanniques, sur des caravelles dont on retrouve l'image sculptée dans le granit des églises, caravelles toutes semblables à celles de Christophe Colomb.

Saint-Malo, la ville la plus aimée des marins, est peut-être moins fière de compter parmi ses fils illustres, Chateaubriand (2) que Jacques Cartier qui découvrit le Canada en 1534 et que les illustres corsaires Duguay-Trouin (3) et Robert Surcouf.

Et c'était précisément le sujet d'une conversation fort animée à laquelle se livraient plusieurs marins assis sur une ancre rouillée tout contre la tour Quiquengrogne aussi sourcilleuse que son nom (4).

(1) *Penmarc'h* signifie : tête de cheval. Une légende raconte que le roi Marc'h avait une habitation sur l'emplacement du village de Plomarc'h. Marc'h tirait son nom de sa difformité singulière : il avait des oreilles de cheval. Et il faisait mourir tous ses barbiers. L'un d'eux cependant fut épargné après qu'il eut juré de se taire. Mais un barbier peut-il tenir sa langue ? La démangeaison de parler fut si forte qu'il alla confier ce secret aux sables du rivage. Trois roseaux poussèrent en ce lieu : des bardes en firent des anches de hautbois qui redisaient : « Marc'h, le roi de Plomarc'h, a des oreilles de cheval ! » Rapprocher ce conte de la légende grecque du roi Midas, aux oreilles d'âne.

(2) Chateaubriand né en 1768 à Saint-Malo où se trouve la maison dans laquelle il naquit et où il rentra souvent les habits déchirés pour s'être battu avec ses compagnons de jeu, mourut en 1848. Il a inauguré la littérature du XIXe siècle par ses romans *Atala*, *René*, *les Martyrs* et son *Génie du Christianisme*. Ce fut aussi un grand historien et joua un grand rôle dans la politique. Il a voulu être enterré sur le rocher du *Grand-Bey* qu'entoure la mer à marée haute. Cette tombe, d'une extrême simplicité consiste en une pierre *sans aucune inscription*, entourée d'une grille en fer de style gothique et surmontée d'une croix de granit : et « les varechs dégouttelants, comme dit Flaubert, s'épandent comme des chevelures de pleureuses antiques le long du grand tombeau... »

(3) On trouve au musée de Saint-Malo les débris de la *Petite-Hermine* le bateau sur lequel J. Cartier alla découvrir le Canada. Qui ne connaît l'histoire du hardi corsaire de Louis XIV, Duguay-Trouin ? Né en 1673, mort en 1736, ce fut un marin modeste, généreux et désintéressé.

(4) La reine Anne de Bretagne, en 1498, ayant eu quelques démêlés avec l'évêque Guillaume

— Moi, disait l'un d'eux, je suis de Kerantrech qui est, comme vous le savez le faubourg de Lorient (1) dont il n'est quasiment sédaré que par la gare du chemin de fer. Brest est un beau port militaire, on ne peut pas dire là contre, mais Lorient, ah ! mes amis. Vous parlez d'un arsenal ! Et des chantiers de construction de cuirassés et de croiseurs et de contre-torpilleurs et de tout le diable et son train ! Et de ses ateliers de fonderie, d'ajustage, de chaudronnerie, de corderie, d'avironnerie, de pavillonnerie.

— Assez ! assez ! parle-nous du bagne pendant que tu es en si belle veine.

— Blagueur, va ! Tu sais bien qu'il n'y a pas plus de bagne de nos jours à Lorient qu'à Toulon !... Oui, mais nous avons Bisson, l'enseigne de vaisseau qui s'est fait sauter avec son brick le *Panayoti* dont le pont était envahi par les pirates grecs. En voilà un qui vaut bien Duguay-Trouin et Surcouf et qui n'a pas volé sa statue qu'il a à Lorient, et en bronze encore, ah mais !...

— On ne peut pas aller là contre, interrompt un matelot de l'île de Batz ; mais nous, nous avons Trémintin ! ah !...

— Trémintin ? Connais pas...

— Il ne connaît pas Trémintin ! Vous entendez, vous autres ? Il ne connaît pas Trémintin !

Un murmure de désapprobation générale... Hou ! hou ! Est-il possible d'ignorer l'histoire de Trémintin, « le brave pilote ? »

— Mais malheureux, Trémintin, de l'île de Batz était matelot

Briçonnet fit élever cette tour malgré l'opposition épiscopale, et y fit graver en bosse cette phrase significative : « *Qui qu'en grogne, ainsi sera, c'est mon bon plaisir.* » Et le nom de Quiquengrogne en resta à la tour.

(1) *Lorient* (46.000 habitants) est avec *Ploërmel* (aux environs de laquelle se livra le fameux *combat des Trente* Bretons contre 30 Anglais) et *Pontivy*, l'une des trois sous-préfectures du Morbihan. Elle tire son nom de *l'Orient* pays avec lequel elle entretenait au XVIIe siècle d'importantes relations commerciales. Lorient ne peut prétendre jouer un rôle comparable à celui de Brest qui au fond de sa rade est la base de notre puissance navale sur l'Atlantique et à l'entrée de la Manche. Enfoncé dans des rentrants du rivage sur le Scorff à son confluent avec le Blavet ce port n'a que des défenses incomplètes ; mais il est merveilleusement outillé pour la construction des cuirassés. C'est aussi un port de commerce. Ville nouvelle et toute militaire sans monuments intéressants.

sur le *Panayoti,* aux côtés de ton Bisson. Quand il vit le pont sur lequel grouillait toute la vermine de la piraterie :

« Comment nous débarrasser de cette racaille, lieutenant ?

— En les faisant sauter avec nous, Trémintin. »

La soute aux poudres est ouverte, l'enseigne Bisson y lance un brandon enflammé.

— Adieu, Trémintin !

— Au revoir, là-haut, lieutenant !

Un peu de fumée blanche, un fracas formidable, et voilà tout le monde en l'air. Trémintin cependant a eu le temps de faire le signe de la croix et de se recommander à Notre-Dame. Et maintenant en route pour le Paradis !...

— Il y est entré tout droit, je pense ?

— Pas du tout : saint Pierre n'a pas voulu de lui. Tu as d'autres choses aussi belles à faire encore sur terre, qu'il lui dit. Il lui donne une poussée amicale et voilà Trémintin qui dégringole à travers les nuages et patapouf ! plouf ! plouf ! pique une tête dans la mer... Ah ! mes amis, quel plongeon ! Tu crois peut-être que Trémintin va y rester pour permettre aux crabes de nettoyer ses os ? Si tu le crois, c'est que tu ne le connais pas ! Il donne un coup de pied dans le fond de la mer, distribue quelques bonnes bourrades aux monstres marins qui viennent lui renifler sous le nez, et hop ! il reparaît à la surface... Mais, par malheur. La nuit était noire comme un four... Quel malheur que Notre-Dame-de-la-Clarté ne se promène pas par ici ! murmure-t-il avec une fervente prière. Et voilà que tout à coup, il aperçoit une traînée de lumière dans tout ce pot au noir, et une robe qui resplendit... et enfin la Vierge elle-même, qui sourit divinement et lui dit : « Courage, Trémintin ! Tu reverras ton pays de Bretagne, et la flèche du Kreis-Ker, et ta maison de l'île de Batz ! »

— C'est beau ! laisse échapper malgré lui le Lorientais enthousiasmé. C'est beau !

— Et il les a revus, oui. Au moment où Notre-Dame-de-la-Clarté (qui a son sanctuaire, comme tu sais, dans l'Armor trégorrois), remontait au ciel, Trémintin a saisi un bout d'un filin qui s'est trouvé là, miraculeusement ; ce câble tenait à un navire qui a cueilli le brave Trémintin qui a été sauvé comme ça... Plus malin que ton Bisson *notre* Trémintin !

— Je ne dis pas... Je ne dis pas... mais enfin... c'est Bisson, *notre* Bisson qui a mis le feu aux poudres.

— Je ne dis pas... Je ne dis pas... Mais attends la fin... La gloire de Trémintin arrive aux oreilles du roy Charles Dizième (1), à ce que je crois, à moins que ça ne soit Louis-Philippe et notre Trémintin reçoit une lettre cachetée, grande au moins comme ça, avec des cachets larges comme des lunes rouges, par laquelle on le mandait à Paris. « — A Paris ! s'écrie sa digne femme Chaïc-Al-Lez. A Paris ! Ma doué, ma doué ! mais c'est au bout du monde. Trémintin, je t'accompagne... — A ton idée, ma femme. » Elle revêt sa belle jupe, celle pas des dimanches, mais de Pâques du dimanche de Pâques Fleuries, qu'on ne porte qu'une fois l'an, son tablier garni de dentelles, son petit châle brodé de fleurs de soie, sa coiffe de fil blanche comme neige, et hop ! dans la diligence pour la Capitale ! avec un gros panier de provisions, bien sûr.

Aux Tuileries ce qu'on les regardait ! — C'est le brave Trémintin ! disait-on. Qu'il est bien ! Et sa femme, donc ! — Lui pardine, ne se troublait pas pour si peu, et Chaïc-Al-Lez non plus, et ils regardaient, du haut de leur grandeur, tous ces petits courtisans et ces belles dames de la cour ! Mais à la fin, Chaïc-Al-Lez qui était fine, vit bien qu'on se moquait un peu d'eux, et tirant notre brave pilote par sa vareuse :

— *Yvoun, deomp d'ar gèr !* (Yves, retournons-nous-en chez nous !)

(1) Bisson est né dans le Morbihan à Guéménée, mais il a sa statue à Lorient. Il mourut héroïquement sur le *Panayoli* en 1828.

Le Roy en entendant ces mots, pour faire celui qui comprenait le breton (ah ! le pauvre homme !) répondit comme ça :

— Oui, oui, ma brave femme, vous pouvez être tranquille, nous l'enverrons encore *à la guerre !*

C'est pour ça que chez nous nous disons de quelqu'un qui veut parler de ce qu'il ne connaît pas : « Il s'y entend tout comme le roi de France au breton ! »

— N'empêche que Bisson est de chez nous ! Mais toi, Corentin, qui viens de Quimper Corentin (comme toi !) (1) tu es là bouche bée comme un thon qui veut avaler la peau d'anguille ou la feuille de maïs à la ligne, ton port de mer n'a ni Bisson, ni Trémintin hein ? Ça te vexe, Corentin ?

— Pas tant que ça, vieux loup de mer, car nous avons Kerguélen un fier navigateur d'autrefois, avant la Révolution, qui découvrit des terres là-bas, à l'autre bout de la terre, et ça n'est pas ici, non ! du côté du Pôle Sud...

— Vive Saint-Malo, mes braves ! En voilà un pays de marins, fièrement planté, face au large et qui a produit plus de héros qu'il n'a d'îlots qui montent la garde autour de la citadelle ! C'est Cartier, c'est Duguay-Trouin, c'est Porçon de la Barbinais.

— Connais pas !

— Il ne connaît pas ! Tu ne connais donc rien ? C'est un Malouin prisonnier du dey, comme on dit, du dey d'Alger, il fut

(1) *Quimper* (20.000 habitants) (du breton *Kemper* — confluent) au confluent du Steir et de l'Odet (comme *Quimperlé* — confluent de l'Ellé et de l'Isole) est le chef-lieu du Finistère, l'ancienne capitale de la Cornouaille. Il est dominé par de jolis coteaux boisés ; le pays est d'ailleurs très vert dans les vallées si riantes que en souvenir de l'Arcadie grecque, certaines sont appelées *Arcadie de la Bretagne*, sans pour cela fournir les fameux roussins... d'Arcadie. La cathédrale Saint-Corentin lance ses flèches à 75 mètres de hauteur. Quimper possède de jolies promenades, des environs charmants, mais quoi ! n'a pu faire oublier les vers de La Fontaine :

> C'était à la campagne
> Près d'un certain canton de la Basse Bretagne
> Appelé Quimper Corentin
> On sait assez que le Destin
> Adresse là les gens quand il veut qu'on enrage.
> Dieu nous préserve du voyage !

envoyé auprès de Louis XIV avec mission de lui proposer un traité désavantageux. Et quelle commission que cette mission ! S'il revenait, sans le traité signé, il serait exécuté. S'il ne revenait pas, six cents chrétiens seraient livrés au supplice... Louis XIV ne voulut rien entendre. Alors Porçon de la Barbinais, sans esbrouffe, retourna à Saint-Malo, embrassa sa femme et ses enfants, serra la main aux vieux amis, sans leur parler du sort qui l'attendait, régla ses affaires, et, tout simplement se rembarqua pour Alger... Le dey naturellement le fit exécuter...

— Ah! le brave homme !

— Qui ? le dey?...

— Ah ! non, l'autre !... Mais quel est donc celui-là qui s'amène par ici avec sa bourgeoise et sa petite ? On dirait que c'est quelqu'un qui ne m'est pas inconnu... Eh ! parbleu, c'est l'ami Le Fantec ! Ohé, *Yvoun,* accoste ! Tu es bien fier aujourd'hui, que tu ne veux pas dire bonjour aux camarades !... C'est-il que tu serais devenu amiral de la flotte suisse, ou quoi !... Nous autres gars de Saint-Malo, nous ne sommes ni Bretons, ni Français, mais Malouins : ça ne nous empêche pas d'être polis avec les gars d'*Enez-Heussa !* Eh bien, vieux naufrageur pilleur d'épaves, tu as donc embarqué trop de « gwin ardân » à ton bord que tu as du vent dans les voiles?...

Le Fantec ouvrait de grands yeux, et, sous son front profondément barré par des sillons de pensée, on sentait un violent effort du cerveau voulant s'arracher aux ténèbres... Ses mâchoires serrées faisaient saillir et rentrer l'articulation de ses maxillaires, son crâne semblait près d'éclater sous la poussée du sang et des idées confuses se livrant un effroyable combat : mais dans la nuit de sa démence aucun éclair de raison ne brillait encore.

Rozennic Le Fantec avait dit, à voix basse, quelques mots au Malouin et celui-ci, maintenant, s'excusait, fort contrarié d'avoir plaisanté le pauvre innocent :

— Vous comprenez, M'ame Le Fantec, je ne pouvais pas me

douter... un si rude gars qu'était notre homme ! Et bon avec ça, le cœur sur la main !... Un peu trop porté peut-être, soit dit sans vous offenser, pour le « gwin ardân »...

— Jamais plus !... jamais plus ! protestait Le Fantec en levant la main droite comme pour donner plus de force à son serment.

— Pauvre vieux camarade, va !... Ah ! la charmante petite fille que vous avez avec vous, m'ame Le Fantec. *Yvoun* ne m'avait jamais parlé que de ses garçons !... Et, il y a longtemps qu'il est... comme ça ?

— Quasiment au moment où l'*Austria* a sombré... Vous vous rappelez bien ?

— Si je m'en souviens !... Dieu seul sait comment pareil malheur est arrivé !... Je vous plains de tout mon cœur, m'ame Le Fantec et vous souhaite meilleure chance pour la fin de votre pèlerinage... Courage !

. . . .

Sur la *Côte d'émeraude* (1) le phare du Jardin, ainsi nommé sans doute par antiphrase étant bâti sur un petit îlot de granit aride, lance les clignotements de ses feux diaprés éclairant la périlleuse passe, et la mer glauque prend sa teinte fouettée des jours de tempête à la couleur inoubliable et merveilleusement artistique... Au loin, accompagnant la respiration géante de l'océan, se perdent dans le vent les harmonies des orchestres des casinos.

Les trois pèlerins, en quête d'un gîte pour la nuit, errent sur les quais quand, tout à coup, *Ar Zod* pousse un cri...

— Nicolasik !... Sidi Ben Meckhnèz !... L'*Austria !...* A moi ! Au secours !... Arrêtez-les !... Ce sont des assassins !... Arrêtez-les !... Arrêtez-les !... Ce sont des naufrageurs !...

(1) A l'exemple de la côte méditerranéenne universellement connue sous le nom de *Côte d'Azur*, le littoral compris entre la Gironde et la Bidassoa a été poétiquement baptisé *Côte d'Argent* à cause de l'éternelle lame blanchissante qui s'y brise, et la côte de Saint-Malo, Dinard, Paramé, Saint-Lunaire, Saint-Enogat, etc. *Côte d'Emeraude*.

Château de Josselin.

Atterrée, croyant que, soudainement, la démence de son mari s'est changée en folie furieuse, Rozennic se cramponne à son bras.

— Calme-toi !... de grâce... Yves !... Pour l'amour de Dieu !...

Mais Le Fantec l'a tôt repoussée et s'élance à la poursuite des deux ombres qui lui ont arraché son cri et dont la vue si inattendue a enfin produit le miracle et arraché le voile des ténèbres qui obscurcissait sa raison...

— A l'assassin !... A l'assassin !...

CHAPITRE VIII

VIII

Un Voyant. — Un gros poisson ! — Au fou ! au fou ! — L'arrestation. — Une surprise désagréable pour les Naufrageurs. — Dramatique évasion. — Un revenant sort du puits. — Ligotés. — Un volcan près de l'île de l'Epouvante. — Au milieu de la colère des choses.

— « La sardine !... La sardine ! »... Les yeux étincelants, presque égarés, un vieil homme dévale de la falaise sur le haut de laquelle se dresse un rustique oratoire où souvent viennent prier les femmes pour ceux qui sont au péril de la mer. Tel Moïse descendant du mont Sinaï, sa longue barbe blanche flottant au vent, tel il apparaît aux pêcheurs de la côte que son cri a fait sortir de leurs masures.

— La sardine !... La sardine !...

Semblables aux Celtes, leurs ancêtres, qui faisaient pareillement voler les nouvelles à travers la Gaule entière, au moyen de crieurs placés sur les collines, les Bretons propagent dans tout le pays qui s'anime et s'emplit de rumeurs joyeuses, le cri triomphal cent fois répété :

— La sardine !... La sardine !...

L'homme poursuit sa course précipitée, aussi rapide que le lui permet son grand âge, et à son cri répondent mille autres cris.

— La sardine !... La sardine !...

C'est *le Voyant,* le patriarche des tribus de pêcheurs nichés comme les goélands et les mouettes au creux de tous les rochers de la Fin des Terres, celui qui a la mission sainte de signaler les premières approches des bancs voyageurs des maquereaux ou des sardines. Or, cette nuit-là, au plus profond de son sommeil, il a été brusquement réveillé... Assis sur son matelas de varech, il a tendu l'oreille et il a entendu les tintements voilés sortant des profondeurs de la mer sauvage et perceptibles pour lui seul, les tintements de la cloche mystérieuse que sonne sainte Marine, patronne des pêcheurs et des marins. Oui, c'est bien elle ! Dingn ! Doooong !

A ce signal, il a bondi hors de sa masure, et, sans souci des dangers embusqués dans les ténèbres, il escalade la falaise abrupte. Abrité sous le porche du sanctuaire, il attend, en prières, que la ligne blanche de l'aube sépare la mer de l'océan des nuages. Des frissons argentés courent sur l'abîme... *Le Voyant* qui a balayé le sol de la rustique chapelle avec le buis bénit des Rameaux, se met, d'un geste auguste comme pour quelque semaille mystique, à jeter au vent sur la mer labourée de vagues la poussière sainte... De ses regards d'aigle il fouille l'horizon... Oui, il *la* voit ! il *la* voit !

— La sardine !... La sardine !...

A la poursuite de cette manne de la mer, sont parties toutes les embarcations dont le vent et l'espoir gonflent les voiles... A plusieurs milles de la côte, on amène les voiles et les mâts, et, régulièrement, doucement, aussi silencieusement que possible, deux hommes ont pris les rames de la petite barque... Le patron monte sur *la chambre,* c'est-à-dire sur l'arrière et met à la traîne le filet assez semblable à une seine, dont, de sa main gauche, il conserve l'extrémité... Presque sans bruit, le filet long de près de 20 mètres, large de 2 mètres 50, s'enfonce dans l'eau presque verticalement, tendu par le poids des petits blocs de plomb appendus à la *ralingue,* au câble de fond, tandis que la ralingue du haut, munie de rondelles épaisses de liège, surnage à fleur d'eau.

— Et maintenant, vous autres, dit-il aux matelots à voix basse, motus !... Charlot, si tu avales ta chique, pas un cri, hé? Sinon je te donne à manger aux sardines et aux marsouins !...

— Pas de danger, patron ! répond plus bas encore le moussaillon, Charlot Le Fantec... D'abord je ne chique pas encore, et puis, je connais la consigne : se taire... sans parler !

— Tu as compris... avec esprit...

Comme un semeur, le patron jette en deçà et au delà du filet, la *rogue* broyée et diluée avec une farine spéciale (1)... La mer se trouble et se moire de larges taches huileuses... Les sardines passent d'un côté à l'autre du filet, montrant tantôt l'éclat argentin de leur ventre, tantôt le bleu azuré de leur dos. La maille les accroche au niveau et un peu en arrière des ouïes, et des écailles brillantes couvrent l'eau d'un tapis pailleté de nacre...

Le bateau va toujours de l'avant, puis lorsque le patron sent que le filet est assez lourd, au point parfois de disparaître complètement sous sa charge vivante et grouillante.

— Attention !... dit-il. Puis il fait tourner subitement la barque et ramène le filet *en couple,* du bord : les deux marins et le mousse non occupés aux rames s'en saisissent, le secouent adroitement et les sardines, comme des poignards d'argent, se détachent et s'entassent au fond de la barque... Et, l'on recommence, encore, toujours...

— Bonne journée, les enfants !... pourvu que cela continue...

— Patron !... Patron ! crie Charlot Le Fantec à pleine voix.

(1) La *rogue* est l'appât composé d'œufs de morue sèche délayés dans de l'eau de mer : on le fabrique en Norvège et au Danemarck. Comme il coûte horriblement cher, on le remplace souvent par une *rogue* que les pêcheurs fabriquent eux-mêmes avec du frai de poisson, des têtes de sardine, des chevrettes de marais pilées et pourries.

— Malheureux ! tu veux donc faire fuir tout le poisson, à hurler comme les *tut-bleis* (hommes-loups) !

— Mais, patron, reprend Charlot sans baisser de ton malgré le poing qui se lève menaçant au-dessus de sa tête, ne dirait-on pas qu'on fait des signaux de détresse, de cette barque, là-bas ?

Entre ces deux sentiments contraires : perdre le bénéfice d'une pêche qui s'annonce miraculeuse, et laisser des malheureux en perdition, le patron n'hésite pas un centième de seconde :

— Souquez, camarades !

L'esprit de sacrifice et le dévouement sont dans le sang breton. Les exemples d'héroïsme fourmillent dans les annales maritimes de la Bretagne : l'Histoire officielle en a enregistré des centaines, mais c'est par milliers qu'on peut les compter dans les annales journalières de l'existence des pêcheurs armoricains : pour être moins prônés par les cent voix de la Renommée, pour être obscurs, en sont-ils moins méritoires et moins dignes d'admiration ? L'*Ar Mor* est un champ de bataille mouvant où, de jour et de nuit, combattent de rudes soldats : et, à les voir ainsi risquer leur vie avec une aussi superbe insouciance, on ne peut s'empêcher de s'écrier, comme le roi de Prusse, en voyant nos soldats courir à une mort héroïquement acceptée : Ah ! les braves gens !...

... Dix minutes plus tard, on recueillait dans le fond de la barque secourue un enfant évanoui, à moitié mort de froid, de faim sans doute et de fatigue — (son visage ne le disait que trop !) — et Charlot poussait un cri :

— Hoël !... C'est Hoël, mon frère !...

Quelques gouttes de « gwin ardân » glissées entre les dents serrées du pauvre petit eurent tôt fait de le ramener à la vie. Ses yeux égarés se promenèrent sur les visages anxieux penchés vers lui :

— Charlot ! murmura-t-il... Toi !...

Puis, de ses bras raidis chassant quelque vision d'épouvante :

Vieilles maisons et rue Kiréon, à Quimper.

— Sauvez-moi ! cria-t-il d'une voix à la fois suppliante et trahissant une indicible frayeur, sauvez-moi !... Ils ont dit qu'ils me tueraient... qu'ils tueraient papa...

Mais Charlot s'était accroupi dans le fond de la barque, auprès de lui, et, maternellement, ayant pris la tête de son frère sur ses genoux, il le berçait, le rassurait :

— N'aie pas peur, frérot !... Je suis là pour te défendre... Qu'ils viennent donc, les méchants qui te veulent du mal !... Ils auront affaire à moi !... Et je ne les manquerai pas, non !... N'aie pas peur !...

C'était touchant d'entendre ce petit se poser en défenseur de son grand frère et lui faire un rempart de ses faibles bras... et de son grand cœur !

— Ne parle pas, Hoël ! Repose-toi... Le patron va nous faire débarquer... et nous rentrerons chez nous, tu sais, frérot, à Ouessant, où, sans doute, papa et maman se languissent de nous... Nous serons bien dans la petite maison... tous ensemble, et là, du moins tu n'auras rien à craindre... Courage !

— Ils reviennent encore !... chassez-les !... Ils se sont aperçus que je me suis évadé du Trou-de-l'Enfer... Ils me cherchent !... Cachez-moi !... cachez-moi !...

— Que dit-il ?...

— Le pauvret a le délire... Il a dû échapper à quelque horrible danger... on a voulu le tuer... peut-être...

— Ah !... je vous en prie... je vous en supplie... épargnez-moi !... oui, je vous servirai... rentrez ce poignard qui brille... Je vois des tâches de sang... Au secours !... Au secours ! Va-t-en !... Va-t-en !... toi...

— Hoël ! Hoël !... c'est moi... ton frère... tu n'as rien à redouter ici... Nous sommes forts... nous sommes nombreux... Reconnais-moi donc... c'est moi... Charlot !...

— Oui... non... Je ne sais pas... tout se brouille en ma tête...

oh!... j'ai mal... j'ai mal... Attends-moi au bas de la falaise... Je descends par la corde... Ah! elle n'est pas assez longue... je tombe... j'ai les jambes cassées... Ils vont voir la corde... quand ils rentreront... Qu'il fait noir!... J'ai froid... j'ai faim... Un écueil!... Allons, voilà que ma rame se brise... je suis perdu...

— Non, Hoël, tu es sauvé...

— Moi, j'ai perdu une belle pêche, conclut le patron... Aujourd'hui la sardine vaudra bien quinze francs le mille, mais, ma foi! je ne le regrette pas... j'ai pris un gros poisson... qu'en dis-tu, moussaillon? La qualité remplacera la quantité!...

— Je dis... je dis, patron, que vous êtes la perle des braves gens et que vous avez un cœur d'or... Et Charlot pleurait...

— C'est bon! c'est bon! pas de sensiblerie!... Nous voici au port... et à bon port... Tout est bien qui finit bien...

*
* *

Nous avons vu comment, pour s'être brusquement retrouvé en face de ses anciens complices, Nicolasik et Sidi Ben Meckhnèz, le pauvre innocent Yves Le Fantec, le fou, *Ar Zod*, avait, du même coup, recouvré la raison. Nombreux sont les cas analogues de guérison, principalement lorsque la démence a été provoquée par une violente émotion ou commotion morale; la vie cérébrale, à la suite d'un choc, s'est, pour ainsi dire, assoupie, endormie; qu'un nouveau heurt se produise, et, soudainement, cessera la perturbation momentanée, accidentelle de la raison; le dément redevient conscient et son cerveau, débarrassé du poids des ténèbres qui l'embrumaient et l'écrasaient, renaît à l'activité intellectuelle...

Nicolasik et son complice, laissant le *Trou-de l'Enfer* à la garde de leur prisonnier, improvisé gardien, le petit Hoël Le Fantec, s'en étaient allés à Saint-Malo s'aboucher avec des recéleurs, des mercantis affiliés à une formidable association de bandits internationaux étendant, comme la pieuvre, ses formidables tentacules sur tout le globe. Sidi Ben Meckhnèz et Nicolasik estimaient que l'entreprise pour laquelle ils s'étaient associés, l'un fournissant sa connaissance des passes périlleuses et l'autre sa haute conception de la piraterie habilement modernisée, avait produit d'assez beaux résultats pour qu'ils songeassent l'un et l'autre à vivre de leurs rentes. De *leurs* rentes ! Il serait plus juste de dire des rentes *des autres !...*

Il leur eût été impossible, sans la complicité des recéleurs, de mettre eux-mêmes en vente les bijoux arrachés aux victimes de l'*Austria,* et les objets précieux provenant d'expéditions moins importantes certes mais quand même fructueuses, menées à bien depuis le départ de Le Fantec... La réalisation de ces valeurs leur eût peut-être attiré des questions embarrassantes, les eût même trahis. Aussi avaient-ils consenti à subir de grandes pertes en les remettant aux mains des aigrefins qui se chargeaient d'en assurer l'écoulement, sans danger pour eux. Un *tiens* solide vaut mieux que deux *tu l'auras* chancelants.

Bref, tous deux venaient de recevoir des mains de l'un des délégués de la bande internationale à laquelle Sidi Ben Meckhnèz avait fait appel, des titres de rentes de tout repos qui allaient enfin leur permettre, à l'un, de retourner en Orient remercier Allah et Mohammed son prophète de leur bienveillante protection, et à l'autre, de se retirer en quelque coin de la Bretagne que décidément il ne pouvait quitter, pour y vivre le plus honnêtement du monde, entouré de la considération de tous.

Et c'est à ce moment même que, au détour d'une rue, le visage éclairé en plein par la lumière d'un reverbère, ils s'étaient trouvés en face de leur complice, Le Fantec ! Surpris par ses cris, ils s'étaient rapidement éclipsés dans le dédale tortueux des rues de la cité malouine et n'avaient pas tardé à dépister celui qui les poursuivait et s'attachait à leur ombre, comme le remords aux pas du criminel...

Ah ! ce Le Fantec ! cet imbécile qu'ils avaient eu tort d'associer à leurs entreprises et dont, au fond, ils n'avaient rien tiré ! cet ivrogne cuvant perpétuellement son gwin ardân et qui leur avait été plutôt un corps mort à traîner qu'un collaborateur utile !... Dès que le hasard — par la bouche du moussaillon enlevé sur les quais de Brest — leur eut appris que cet homme vivait encore et pouvait, par ses indiscrétions, attirer sur eux et leurs scélérates entreprises, l'attention de la justice (attention dont ils se passaient fort bien !) ils s'étaient mis en quête, afin de le retrouver.

Mais ils étaient arrivés trop tard à Ouessant : Le Fantec avait déjà quitté l'île de l'Epouvante avec sa femme et sa fille adoptive pour entreprendre le pèlerinage du *Trô-Breiz,* du Tour de Bretagne. Par d'habiles interrogations, Nicolasik avait appris que leur complice n'était plus à craindre : il eût mieux valu évidemment qu'il eût péri dans le naufrage de l'*Austria*, dont il n'avait pas su profiter, mais à défaut de ce mieux, sa démence, sa folie le mettait hors d'état de leur nuire. En admettant même qu'il parlait, quelle créance pourrait-on apporter aux divagations d'un insensé ? Et, satisfait, Nicolasik avait rentré dans sa gaine le poignard dont il avait soigneusement affilié la lame sur le granit du *Trou-de-l'Enfer* avant de se rendre à Ouessant...

Les cris, les appels poussés par Le Fantec s'élançant à la poursuite de Sidi Ben Meckhnèz et de Nicolasik, avaient, malgré l'heure tardive et la santé des passants, ameuté les badauds... Rozennic, elle, ne pouvant comprendre que son pauvre mari eût, en dehors de tout miracle, recouvré la raison, contribua pour sa part à empêcher la capture des deux sinistres naufrageurs.

— Arrêtez-le, disait-elle, arrêtez-le ! Il est fou !... Pauvre *Yvoun !* Et les agents de police s'étaient précipités à la poursuite d'*Ar Zod,* qui se démenait d'autant plus qu'on paralysait ses mouvements :

— Ils vont s'échapper !... Ce sont des assassins !...

Mais c'était lui que l'on empoignait : plus il faisait d'efforts pour échapper aux mains solides qui le retenaient, et plus les agents se persuadaient qu'ils avaient bien affaire à un fou furieux qu'il importait de réduire à l'impuissance ; aussi les coups ne furent-ils pas épargnés au pauvre marin...

Conduit devant le commissaire de police, il était au paroxysme de la colère, il écumait, trépignait :

— C'est de votre faute s'ils se sont échappés !... Je les ai vus descendre au port et ils doivent être loin maintenant...

Le magistrat, convaincu lui aussi et par l'état d'exaltation de Le Fantec et par les assurances de la femme et de l'enfant qui l'accompagnaient et répétaient : « C'est la première fois que cela lui arrive, Monsieur le Commissaire... D'habitude il est plus doux qu'un mouton ! » fit mine d'entrer dans les vues du dément, pour ne pas le contrarier.

— De qui parlez-vous donc !... Qui poursuiviez-vous avec ces cris... qu'à pareille heure je n'hésite pas à qualifier de tapage nocturne ? Répondez... et calmez-vous... On ne vous veut pas de mal...

— Des assassins !... des naufrageurs !...

Intérieurement, pour n'en laisser rien paraître, le magistrat ricana : des naufrageurs !... au vingtième siècle !... C'est de l'histoire ancienne que ces exploits de pilleurs d'épaves !... Pauvre homme !

— Oui, continue avec force le mari de Rozennic, ce sont deux redoutables bandits qui en ont des crimes sur la conscience... Et vous m'avez empêché de les étrangler sur place !

— Vous n'aviez pas le droit, reprit sentencieusement le commissaire de vous substituer à la justice. C'est à elle, à elle seule qu'il appartient de brandir le glaive de la Loi !...

— Possible... mais je les connais, moi, ces gaillards-là, et je sais de quoi ils sont capables !...

— Et, où habitent-ils, je vous prie... ces fameux naufrageurs ?...

— Au Trou-de-l'Enfer ! près d'Enez-Heussa !

Le commissaire regarda son secrétaire et les agents avec un air de profonde commisération pour l'homme qui tenait de pareils propos : le *Trou-de-l'Enfer !* mais cela ne figure sur aucune carte marine. Il le savait bien, lui qui avait habité à Lampaul !... le Trou-de-l'Enfer !... Des naufrageurs !... Imaginations d'un cerveau dément...

— Je le sais bien, peut-être, puisque je suis resté quelques mois avec eux... jusqu'au naufrage de l'*Austria*... C'est le plus grand des deux, Nicolasik qui a mené le paquebot sur l'écueil... Nicolasik... Cherchez sur vos papiers, vous trouverez ce nom-là... le nom d'un gredin, allez, qui a déserté... il était sur le *Duguay-Trouin*. Ah ! je sais bien que je n'arrive pas à vous convaincre que je ne suis pas fou... Oui, fou, je l'ai été... ou malade... enfin je ne sais... mais maintenant j'ai toute ma raison. Et sur la tête de ma femme, ma pauvre Rozennic qui ne me croit pas non plus, sur la tête de cette petite fille que j'ai sauvée sur l'*Austria*, seule survivante parmi tant de passagers, je jure que ce que je dis est la vérité... je le jure !... je le jure !...

L'accent de sincérité avec lequel Le Fantec parlait, commençait à impressionner l'assistance... Le secrétaire feuilletait fébrilement un registre, puis se penchant vers le commissaire :

— C'est exact ; le nommé Nicolasik est porté déserteur et est recherché par l'autorité maritime.

— Vous pouvez d'autant mieux me croire, continue Le Fantec, qu'en les accusant, je m'accuse moi-même... Je suis leur complice à ces naufrageurs... Ils m'avaient recueilli, un jour qu'une lame m'avait enlevé sous les yeux des camarades qui pêchaient à mes côtés... Ils avaient sans doute besoin d'une sorte de domestique et ils m'ont si bien ensorcelé — en me gavant de gwin ardân — que j'ai perdu la tête et que je suis resté avec eux... Oh ! je n'y ai rien gagné, non !... Le noir surtout, Sidi Ben Meckhnèz, avec son regard de démon, me faisait faire tout ce qu'il voulait... Et moi, pauvre bête que je suis, j'obéissais comme une machine... Il y en avait d'autres, des complices... Mais ceux-là, on ne les retrouvera jamais... Ils ont été balayés par les vagues sur l'épave de l'*Austria*, lorsque je sauvai cette petite mignonne qui me tendait les bras... et que je n'ai pas eu le cœur d'abandonner à une mort affreuse...

Le Fantec avait retrouvé tout son calme, et plus personne ne l'interrompait... Il parla longtemps, lui qui n'était pas bavard à l'ordinaire, et son éloquence simple mais vigoureuse au lieu des ricanements lui valut les sympathies de l'auditoire. Rozennic, à son tour, raconta comment elle avait, sur la foi des pêcheurs, cru à la mort de son mari, comment, dans la nuit de la fête des morts, il avait repris sa place au foyer ramenant « cette petite, Monsieur le Commissaire, qui est douce et mignonne au possible, qu'Yves appelait un ange descendu du ciel, et qui mérite bien d'être aimée, le pauvre amour du Paradis ! »

Bref, le fou réussit si bien à faire entrer la conviction dans l'esprit du magistrat, que celui-ci conclut en disant :

— Puisqu'il en est ainsi, Yves Le Fantec, et que vous persistez dans vos déclarations, je me vois obligé de vous garder prisonnier... malgré votre repentir... et votre belle conduite...

— Lui ! en prison ! mon pauvre ami ! Je suis donc condamnée à ne le retrouver que pour le perdre !

— J'ai fauté, ma pauvre femme. N'est-il pas juste que j'expie ma faute ? Tu viens de raconter à Monsieur le Commissaire tout ce que tu avais fait pour moi... pour me rendre la raison... Tu es une brave femme, Rozennic, et je te demande pardon du mal que je t'ai fait, comme de celui que je pourrai te faire encore... Quant à toi, chère mignonne qui m'appelles si gentiment « papa » et dont j'apprends aujourd'hui seulement le nom, petite Toussaint, quoi qu'il arrive, je t'aimerai toujours, car c'est la voix qui m'a rappelé au devoir et à l'honneur... Partez toutes deux, retournez à Ouessant je vous y rejoindrai... quand il plaira à Dieu. Ne me plaignez pas : le sort qui m'attend, je l'ai mérité... Je ne regrette qu'une chose, c'est d'être seul en prison, alors que Nicolasik et Sidi Ben Meckhnèz sont libres, et vont peut-être commettre de nouveaux attentats !... Adieu !... ou plutôt, je l'espère, au revoir !...

*
* *

Lorsque Rozennic, avec la petite Toussaint revint à l'île de l'Epouvante, grande fut sa surprise de retrouver, dans la maison qu'elle avait cru fermée, Hoël étendu sur son petit lit, et, veillant à son chevet, Charlot et le Recteur.

— Seules ? demanda le curé... Et Le Fantec ?

— Guéri !

— Ah ! je le savais bien que les Sept Saints Bretons le prendraient en pitié et lui rendraient la raison !

— Guéri ! Mais, cela soit dit sans vouloir vous faire de la peine, Monsieur le Recteur, ce n'est pas dans les conditions que vous supposez que le miracle s'est produit...

Et, à voix basse, elle raconta au prêtre la scène dramatique qui s'était produite à Saint-Malo, la mémoire revenant subitement à Le Fantec, la dénonciation de l'abominable forfait, du naufrage de l'*Austria,* œuvre des sinistres pilleurs d'épaves du Trou-de-l'Enfer qui avaient détourné du droit chemin l'honnête homme qui était Yves, et comme conclusion terrible, l'arrestation.

Le Recteur levait les yeux et les bras au ciel, de l'ahurissement où le plongeaient ces révélations auxquelles il s'attendait si peu ! Etait-il possible ?... Toutefois ne voulant pas reconnaître que le pèlerinage du *Tró-Breiz,* resté inachevé d'ailleurs, pouvait être accusé de faillite, il ajouta :

— Une volonté supérieure à la nôtre conduit tous les événements humains, ma bonne dame Le Fantec : que le miracle de la guérison se soit produit sur les quais du port de Saint-Malo, ou dans la chapelle de Saint-Paterne à Vannes, qu'importe ? Il s'est produit, et, n'en doutez pas, c'est par l'intercession des saints que vous avez priés...

Hoël, en proie à une violente fièvre cérébrale, ne reconnut pas sa mère et, comme en son délire, très souvent revenaient les noms de Nicolasik, de Sidi Ben Meckhnèz et du Trou-de-l'Enfer, elle se demandait comment son fils avait pu se trouver mêler à l'effroyable association des Naufrageurs. N'était-ce donc pas assez que ces bandits lui eussent enlevé son mari, et fallait-il que son fils fût devenu aussi leur instrument et leur proie ? Sa raison étant incapable de sonder ces mystères, naïvement, elle la satisfaisait en se disant : « Ce ne sont pas des hommes, ce sont des démons qui n'ont d'humain que la figure, mais dont l'âme, si tant est qu'ils en aient une, est une émanation de l'Esprit du mal ! »

— Frérot, disait Charlot, maman est revenue, guéris-toi vite !

. . . .

Poursuivis par Le Fantec, dont ils ne s'expliquaient pas la conduite d'ailleurs, Nicolasik et Sidi Ben Meckhnèz avaient rapidement gagné le quai où était amarrée la barque qui les avait amenés de l'île de Cézembre (1) où les attendait l'embarcation louée à un

(1) L'île de *Cézembre* à 5 kilomètres environ de Saint-Malo offre une admirable vue de mer et de rochers : mais l'administration militaire y a interné les *disciplinaires*, c'est-à-dire ceux qu'une condamnation exclut de l'honneur de servir dans les rangs de l'armée métropolitaine. Ouessant caserne aussi des *compagnies de discipline*, mais se passerait volontiers de la présence de ces redoutables garnisaires *Cancale*, dans le département d'Ille-et-Vilaine, est célèbre par ses rochers, masse noire, à pic, exploitée comme une carrière de pierres et qui se dresse au milieu des flots, à peu de distance de la côte, mais que l'on ne peut jamais gagner à pied sec. Soit par un affaissement graduel de la côte, soit par les érosions des remous formés par l'arrêt brusque des courants et notamment du *Gulf-Stream* contre le Cotentin, véritable brise-lames qui renvoie les flots en ressac vers le fond du golfe, vers Saint-Malo et Saint-Brieuc, la mer a envahi toute la surface qui constitue aujourd'hui la rade de Saint-Malo. Tous les rochers aux formes bizarres, qui, à marée basse, donnent à la rade l'aspect d'une ville en ruine, ont été jadis les cimes des hauteurs qui émergeaient de cette plaine. De vieilles chartes parlent de l'exploitation des *prairies* situées entre Cézembre, Dinard et Saint-Enogat. Une grande marée en 1888 ayant déplacé une épaisseur de sables de 3 à 4 mètres a fait apparaître des forêts ensevelies depuis vingt siècles et surprises en train de se transformer en houille : c'est le reste de l'antique forêt de Scilly... Est-il besoin de rappeler la renommée justifiée dont jouissent les huitres de Cancale ?

patron de Cancale. Celui-ci, moyennant un bon prix, les avait pris à bord à Ouessant et il les devait remmener là où il leur plairait d'aborder, car ils ne tenaient pas à faire connaître l'endroit où se trouvait la Caverne aux trésors... Pareils aux Hollandais qui exploitant les îles de la Sonde, les îles aux Epires, comme une mine d'or, n'hésitaient pas à lâcher des bordées de bâbord et de tribord sur le navire assez audacieux pour les suivre et découvrir la route menant à la richesse, les Naufrageurs du Trou-de-l'Enfer eussent fait certes un mauvais parti au curieux qui eût eu l'imprudence de les épier lorsqu'ils louvoyaient au milieu des écueils entourant leur repaire de leur redoutable protection.

Leur intention était d'ailleurs de ne faire qu'une courte apparition dans la caverne mystérieuse, de ramasser encore quelques colis précieux, lourds de belle et bonne monnaie aux effigies bien diverses, suivant la nationalité des passagers naufragés qui la leur avaient laissée, mais toute bien sonnante et trébuchante, puis de voguer vers le coin de terre où ils se reposeraient de leurs rudes fatigues en menant une vie large, et toute de plaisirs. Le temps de faire sauter à la dynamite la roche qui abrita si longtemps leurs fructueuses opérations et les oiseaux de proie s'envoleront...

— Dis-moi, Sidi, qu'aperçois-tu là-bas... à notre fenêtre?... Ai-je la berlue! Je n'ai pourtant point assisté au trépassement d'un chat, chose qui porte malheur et trouble la vue, ainsi que chacun sait... Tu ne vois rien?

— Par la barbe du prophète, je ne vois qu'un rayon d'or du soleil qui glisse le long de la paroi engrisaillée...

— C'est que tu es plus myope qu'une taupe, Touareg sans yeux... et sans âme!

— Attends, il me semble que je commence à distinguer quelque chose.

— Notre câble, parbleu!... Mais, comment diable est-il descendu tout seul ?... Il était pourtant amarré solidement au cabestan avec une chaîne capable de retenir un éléphant !... Que se passe-t-il donc ? Est-ce que par hasard notre cuisinier-marmiton-moussaillon, homme de chambre et de peine, se serait permis de dévider la bobine ! Appelons-le !...

A trois reprises et à intervalles égaux Nicolasik lança de toute la force de ses formidables poumons, le cri des oiseaux de mer, longuement modulé, signal convenu pour annoncer l'arrivée des maîtres du Trou-de-l'Enfer... Aucune tête ne se montra par la baie ogivale de granit... Sidi Ben Meckhnèz à son tour lança les sonores : Vrrânn ! Vrrrâââânn : Vrrrrââââân.....n !... Point de réponse...

— Diable ! diable !... j'ai hâte d'être arrivé et de savoir...

Mettant le pied sur la grève de galets qui borde la falaise formidable plantée comme un défi dans la mer terrible, l'îlot sauvage et jaloux de sa solitude au milieu des entassements titaniques des roches éboulées, Nicolasik ne put retenir un juron... Des traces non encore effacées par le jusant, indiquaient nettement que leur barque avait été descendue — au prix de quels efforts ! — et mise à flot... Mais Hoël seul aurait-il été capable d'accomplir cette périlleuse manœuvre ?... Alors, c'est que quelqu'un serait venu en leur absence ? Qui !... Le Fantec ?... Ce n'était pas possible... Il n'avait pas eu le temps, même en faisant diligence, d'arriver de Saint-Malo... « Sur nos gardes ! »

Le passage souterrain et intérieur n'a pas été violé... Il présente d'ailleurs pour qui n'en connaît pas le dédale plein de traîtrises des dangers plus grands que la périlleuse descente extérieure. Le poignard aux dents, le revolver à la main, Nicolasik bondit le premier hors du puits effroyable et parcourt les pièces naturelles de leur aire d'aigles ou plutôt de vautours, étant comme eux oiseaux de proie s'acharnant après les cadavres. Rien !... « Hoël ! Hoël !... » Seules les voûtes ruisselantes de lumière et de somptuosité, de pierreries formant une mosaïque hallucinante de diamants, de topazes, d'améthystes, d'émeraudes et de rubis étalés en flaques de sang, redisent, le cri du bandit : Hoël ! Hoël !...

Il n'en faut plus douter. Trompant la confiance qu'avaient en lui — et surtout en sa faiblesse — ses maîtres ou mieux ses bourreaux, le gardien du *Trou-de-l'Enfer,* au risque de se briser les os, a accompli la plus audacieuse, la plus invraisemblable des évasions.

— Hé, parbleu ! La chose est claire... Regarde, Sidi, cette chaîne qui retenait le cabestan a été limée... Ah ! la canaille !... Il cachait bien son jeu... Ce n'est cependant pas l'œuvre de quelques heures qu'un pareil travail...

— Aussi y a-t-il longtemps qu'il y songeait... Vois, Nicolasik, la différence de teinte entre ces différentes parties du maillon limé... Ici l'usure est terne et remonte à une date déjà ancienne ; dans le bas, au contraire, ne remarques-tu pas combien est brillant le métal ? Ah ! l'animal nous a bien roulés !... Allez donc vous fier aux apparences !... Il n'y a plus d'enfants, par Allah !

— Laisse-moi donc tranquille avec ton Allah... du diable !... Toutes ces histoires-là, rencontre du père, évasion du fils ne me disent rien de bon... Ça sent mauvais pour nous, ici ! et je crois qu'il est temps de jouer la fille de l'air !... C'est égal, le fils après le père ! C'est jouer de déveine... Décampons, ami Sidi, décampons au plus tôt...

— Le dire est bien, le faire serait mieux... Mais le drôle s'est envolé avec notre canot... de sauvetage. Il fallait qu'il eût une rude envie de nous brûler la politesse pour avoir trouvé dans ses petits bras assez de force pour amener le chariot du bateau jusqu'ici, et retenir un pareil poids... Il ne nous reste à nous que cette méchante barque que nous avons volée pour revenir ici... Ah ! le bandit !

— Il ne l'emportera pas au paradis, Sidi ! J'avais dit que mon poignard causerait avec le père... il engagera aussi une petite conversation avec le fils... D'une pierre, deux coups ! Je ne veux pas quitter ces délicieux parages en laissant derrière moi, deux témoins aussi gênants ! Car je ne pense rien avoir à redouter de ton bavardage, n'est-ce pas, Touareg de l'Océan ?... Nous sommes liés par l'intérêt... et le sang. Il y a des cadavres entre nous !... Il y en a même... quelques-uns... n'est-ce pas, Sidi ?

— Nous ne sommes pas ici pour faire notre confession, Nicolasik, mais pour faire nos malles... et déguerpir au plus vite...

Tout en entassant en des caisses solides préparées de longue date, le fruit de leurs rapines, les deux naufrageurs se rappelaient mutuellement l'origine et le développement de leur scélérate association : ils évoquaient le souvenir du Fantôme blanc qui remplissait d'effroi superstitieux le cœur des Ouessantines, leur rencontre d'abord hostile, puis, grâce à l'échange de quelques propos en une langue commune, l'anglais que connaissait l'Arabe et dont Nicolasik avait de vagues notions recueillies au temps où il naviguait... pour le compte de l'Etat, leur entente devenant petit à petit plus cordiale, les bonnes opérations, le coup magistral de l'*Austria*, enfin les événements plus récents.

— Peut-être, dans notre oisiveté dorée, regretterons-nous le temps où nous vécûmes ensemble cette vie de hasards, d'aventures, de périls... et de joies !

— Peuh ! peuh ! peuh ! laisse-moi rire... Mes richesses me permettent maintenant de goûter sur terre toutes les délices du paradis de Mohammed... n'étant pas très sûr d'y participer plus tard, j'aime autant ne pas y renoncer ici-bas...

Au dehors, cependant, criant comme des poulies qui grincent les oiseaux de mer tournoyaient, annonçant le gros temps... Les nuées sombres s'envolaient en une farouche chevauchée, tourmentées par la rafale qui donnait de la voix comme une meute de chiens sauvages... La mer, elle aussi gémissait de sa grande voix sinistre, profondément, incessamment.

— Diable ! diable ! voilà les éléments qui se conjurent contre nous !... Ce temps me rappelle la nuit de l'*Austria*...

— En plein jour, poltron !

— Si c'est la tempête, nous voilà dans de beaux draps ! Notre méchante barque que tu n'as seulement pas songé à remonter se brisant contre la falaise ou s'en allant à la dérive, nous voilà isolés du monde pour longtemps et obligés de retarder notre départ !... Cela ne me plaît guère !

— Que cela te plaise ou ne te plaise pas, il faut en passer par là... ou par la fenêtre... Après tout, si le cœur t'en dit...

Le cœur serré par cette grande voix lugubre du vent mêlée aux sanglots de la mer, Sidi Ben Meckhnèz machinalement mit la tête à la fenêtre...

— Un bateau ! s'écria-t-il, un bateau !

— Bon ! répliqua tranquillement Nicolasik, la mer travaille encore pour nous : c'est le coup de l'étrier ! Bonne mère, cette bonne mer songe à ses complices et chers enfants, les Pilleurs d'épaves ! C'est gentil à elle !...

— J'ai peur, Nicolasik ! De sombres pressentiments...

— Ha ! ha ! ha ! Allah y Allah y Mohammed... comme disent tes litanies du diable... ha ! ha ! ha !...

— Ne blasphème pas, Nicolasik ! L'heure est grave...

— Plus grave que vous ne le croyez ! dit soudain une voix derrière eux...

Avant qu'ils ne soient revenus de leur stupeur, les deux Naufrageurs sentent un être fantastique, sorti du puits se jeter sur eux et les ligoter tous deux avec une corde solide. D'une seule voix, ils s'écrient :

— Le Fantec !

— Lui-même, mes amis, qui vient régler ses comptes avec vous !... C'est, à ce que je vois, l'heure du partage ?... N'avons-nous pas été associés ?... N'est-il pas juste qu'un peu de cet or me revienne ?... Ah ! Ah ! vous ne m'attendiez pas !... Ne roule pas tes yeux de sauvage, Sidi Ben Meckhnèz... Ne te démène pas tant, Nicolasik ! Tu as l'air d'un diable dans un bénitier... Un peu de calme, mes petits agneaux !... Je ne suis pas seul... Penchez-vous au balcon et vous verrez la chaloupe remplie de gendarmes qui viennent cueillir la pie au nid...

Les deux Naufrageurs que la soudaineté de l'irruption de leur ancien complice a mis dans l'impossibilité de se défendre, écument de rage et d'impuissance.

— Bandit ! Tu t'es donc fait honnête homme, sur le tard ?...

— Que voulez-vous ?... Il n'est jamais trop tard pour bien faire ! Vous permettez que je prévienne ces Messieurs qu'ils n'ont plus qu'à prendre livraison du colis que je vais leur faire descendre par la voie aérienne ?...

Nicolasik et Sidi Ben Meckhnèz ficelés en un seul paquet par le filin lancé d'une main experte par Le Fantec faisaient vraiment triste mine en cet équipage, et leur cynisme était tout de surface. En leur for intérieur, ils se demandaient comment ils arriveraient à se tirer de ce mauvais pas... L'Arabe n'invoquait plus Allah et Nicolasik n'appelait point à son secours les puissances de l'enfer : ils ne comptaient plus que sur eux-mêmes, sur la fertilité de leur imagination...

Le Fantec, cependant, s'en était allé jusqu'à la fenêtre du *Toul al Ifern* et tire un coup de revolver, signal attendu par ceux qui sont dans la barque.

— Attention !

Mais pendant qu'il avait le dos tourné, les deux Naufrageurs avaient réussi à desserrer un peu leur câble et Nicolasik, sortant son couteau de sa poche bondit hors des rêts :

— Ha ! ha ! Le Fantec ! tu ne t'attendais pas à cette sortie, dis-moi, faux frère, naufrageur renégat, traître, vendu aux gendarmes !... Tu fais un joli métier, ma foi !

Sidi Ben Mechknèz paralyse les mouvements du brave matelot, mais celui-ci a le temps de presser encore coup sur coup la gâchette de son revolver pour attirer l'attention des gendarmes. Soudain, la caverne s'emplit d'une lueur aveuglante et une formidable détonation qui semble faire chanceler le rocher sur sa base retentit... Le *Trou-de-l'Enfer* est transformé en un cratère de volcan d'où jaillissent, avec des langues de flamme formidables, des blocs de granit, et, en levant le regard vers le ciel déjà obscurci par la fumée, ceux qui attendent Le Fantec dans leur chaloupe, aperçoivent, horrible vision ! de petits points noirs qui s'agitent dans l'espace et brusquement s'effondrent dans la mer...

Un cri d'épouvante s'échappe de toutes les poitrines... Une pluie d'or crépite sur les rochers... Puis, tout d'un coup, le roc où fut le Trou-de-l'Enfer, comme un arbre frappé par la foudre, se fend et s'écroule dans l'abîme... Une vague énorme saisit la chaloupe qui, par miracle, échappe aux monstres de granit attendant là, en aboyant, pour la mettre en morceaux.

Puis, ce furent des remous, des tourbillons, des blancheurs mauvaises, sournoises, de bave et d'écume, un chaos mouvant de masses d'eau se contorsionnant, glissant, sifflant, s'enroulant avec des airs de se poursuivre, alors qu'en réalité elles cherchent leur proie.... Et, comme après un naufrage, des débris de toutes sortes, caisses, barils, planches, cordages s'entre-choquant avec de grands bruits sourds... Une véritable tempête qui semble localisée dans ces parages qui abritèrent les sinistres complices de la mer, que la mer à son tour a recueillis en ces abîmes.

Maintenant la tempête sévit sur toute la mer sauvage... Son effroyable orchestre s'exaspère : ce sont tantôt des ronflements puissants, énormes, caverneux, tantôt des sifflements aigus, stridents, des gémissements de damnés, des hurlements de fauves, des râlements d'agonie, les cris horribles des choses, plus sinistres

Une noce en Bretagne.

que ceux des hommes, parce qu'ils sont sans cause. Et, dans cette révolte des éléments, une pauvre petite chose, cette chaloupe qui porte dix vies humaines, dix héros qui sont venus là pour obéir à leur devoir et, si prêts de la mort, n'ont de colère ni contre les choses ni contre les hommes !...

ÉPILOGUE

ÉPILOGUE

Dix ans après les dramatiques événements que nous venons de raconter, un long cortège défile joyeusement à travers les champs arides de l'*Ile de l'Epouvante.* Derrière les sonneurs de biniou, un grand et beau garçon portant avec aisance son coquet costume de quartier-maître et son béret sur le ruban duquel se lit le nom du tragique et glorieux *Pluviôse* qui a repris son rang dans l'escadre du Nord, donne le bras à une jeune mariée à la fois souriante et recueillie, fort gentille en vérité sous son costume seyant d'épousée bretonne. L'heureux époux s'appelle Hoël Le Fantec et sa femme, sans nom de famille, se nomme Toussaint ; mais grande est sa joie de devenir maintenant Mme Toussaint Le Fantec.

Le moussaillon Hoël, le marmiton du *Trou-de-l'Enfer*, le petit ignorant, éprouve une légitime fierté de voir sur les manches de sa vareuse bleue s'étaler de rouges galons de laine. Il ne s'en tiendra pas là. Il a rompu avec les vieilles traditions d'ignorance en lesquelles s'enlisait son intelligence, il s'est évadé de cette prison de ténèbres, comme il s'est évadé du repaire des naufrageurs et il vogue maintenant vers la clarté. *A ped zo grêt gant va zad grêt mad*, disent les Bretons : *Ce qu'ont fait les pères est bien fait*, phrase sacramentelle qui témoigne d'un beau respect pour les ancêtres, qui relie le passé au présent, mais qui barrerait la route au

Progrès si elle continuait à être considérée comme un dogme. Hoël, l'aîné, a compris qu'un homme sans instruction ne peut se vanter d'être un homme et il l'a fait comprendre à ses frères. Tous se sont mis à l'œuvre, car le bien est aussi contagieux que le mal, et ils ont rattrapé le temps perdu : Hoël a passé par l'*Ecole des Mécaniciens* à Brest, Yvon, Corentin, Charlot sont à l'*Ecole des Mousses* ou vont en sortir.

Leur légitime fierté est partagée par leur mère si éprouvée mais ayant conservé toujours jeunes les tendresses de son cœur, par leur père qui a miraculeusement échappé à la mort lors de l'effroyable explosion de dynamite qui a pour jamais englouti la roche du Trou-de-l'Enfer et les deux sinistres naufrageurs Sidi Ben Meckhnèz et Nicolasik. Mais hélas! Le Fantec n'est plus qu'un vieillard cassé, presque paralysé par ses horribles blessures et dont les yeux fermés pour toujours à la lumière du jour ne peuvent contempler l'énergique figure des fils en qui il revit, ni la grâce rayonnante de celle qu'il a sauvée sur l'épave de l'*Austria*.

A quelle famille appartenait la petite orpheline, on n'en a jamais rien su : c'était la fille d'un frère de Sidi Ben Meckhnèz, victime avec tous les siens de l'abominable crime du Naufrageur ; mais ne vaut-il pas mieux, pour qu'aucune ombre n'obscurcisse le bonheur de la seule survivante l'*Austria*, qu'elle l'ignore toujours? Le précieux collier de perles qu'elle portait au cou a été sa dot, mais, comme il représentait une petite fortune, elle a tenu à en faire quatre parts égales, pour Hoël et ses trois frères. Encore n'estime-t-elle pas avoir soldé la dette de reconnaissance contractée envers son sauveur...

La promenade terminée, on se met à table, et tous étant en communion d'idées, d'espoirs, de souvenirs, la cordialité la plus franche, la gaîté que donne le bonheur ou la vue du bonheur présidèrent au repas de noce. Mais, lorsqu'au dessert on vit se lever, grave, l'infortuné Le Fantec, toutes les conversations se turent, tous les rires s'arrêtèrent et la voix de l'aveugle s'éleva dans le grand silence religieux qui s'était fait :

— Ceci est pour mon père Tugdual Le Fantec péri dans la mer d'Islande à 42 ans... *Pater noster*...

Et accompagnant ce souvenir donné aux morts, là-bas, dans le lointain, la mer sauvage sanglotait et les coups sourds de ses vagues battant, comme un bélier, la base des falaises semblaient rappeler à ceux que le bonheur suivrait qu'il ne fallait pas l'oublier, Elle, la grande dévoreuse d'hommes !...

GABRIEL GALLAND.

TABLE DES MATIÈRES

26

TABLE DES MATIÈRES

CHAPITRE I

CHAPITRE II

CHAPITRE III

CHAPITRE IV

CHAPITRE V

CHAPITRE VI

CHAPITRE VII

CHAPITRE VIII

Imprimé et Relié dans mes Ateliers

37, rue Gandon (XIIIe)

PARIS

www.ingramcontent.com/pod-product-compliance
Ingram Content Group UK Ltd.
Pitfield, Milton Keynes, MK11 3LW, UK
UKHW022055260726
13993UKWH00001B/121